广东省自然科学基金资助项目（S2011040004108）
住房和城乡建设部科学技术项目计划项目（2011-R3-29）
广州市人事与社会保障局博士后研究基金
福建省科技厅软科学项目（2013R0075）

总承包工程交易模式决策机制研究

王学通　著

中国建筑工业出版社

图书在版编目（CIP）数据

总承包工程交易模式决策机制研究/王学通著.—北京：中国建筑工业出版社，2014.8
ISBN 978-7-112-17134-7

Ⅰ.①总… Ⅱ.①王… Ⅲ.①承包工程—研究 Ⅳ.①F271

中国版本图书馆CIP数据核字（2014）第174639号

责任编辑：赵晓菲
书籍设计：京　点
责任校对：李美娜　赵　颖

总承包工程交易模式决策机制研究

王学通　著

*

中国建筑工业出版社出版、发行（北京西郊百万庄）
各地新华书店、建筑书店经销
北京京点图文设计有限公司制版
环球印刷（北京）有限公司印刷

*

开本：787×1092毫米　1/16　印张：14¼　字数：232千字
2014年6月第一版　2014年6月第一次印刷
定价：40.00元
ISBN 978-7-112-17134-7
　　　（25894）

版权所有　翻印必究
如有印装质量问题，可寄本社退换
（邮政编码　100037）

前 言

工程总承包已经成为西方发达国家进行工程交易的主要模式，然而，该模式在我国的发展却并不顺利。工程项目交易模式决策问题是西方理论界近十年来的研究热点之一，但该问题却一直未得到我国理论界的正确认识和充分重视。本项研究旨在通过设计一套决策方法以提高总承包项目的发起端——工程项目业主的总承包交易模式决策能力和质量，从而带动总承包制度在我国工程领域的发展，并借此丰富我国工程管理理论研究的内容与方法。研究的具体内容包括总承包工程交易模式不确定多属性决策（UMADM）的机理分析、决策现状研究、决策属性研究、决策规则研究和决策模型研究等方面。

本书对我国工程总承包模式 UMADM 的机理进行了剖析。分析了我国总承包工程交易模式决策问题的多属性特征和不确定性特征，构建了总承包工程交易模式 UMADM 问题的概念模型；剖析了总承包工程交易模式 UMADM 的建模机理和排序机理。

对我国总承包工程交易模式的现状和诱因进行了研究。在市场调查的基础上，分析了我国总承包工程交易模式的分布状况及其与项目所属行业、招标投标方式和业主参与设计深度的关系，以及交易模式与项目投资额和项目期限间的关系，研究了我国总承包市场现状的诱因。

对总承包工程交易模式 UMADM 问题的决策环境进行了分析，通过文献研读和实践分析的方法确定决策环境与决策绩效指标体系。在市场调查的基础上构建了决策环境与决策绩效之间的相互影响关系结构方程模型，剖析了决策环境与决策绩效的影响机理。

对我国总承包工程交易模式 UMADM 问题的决策属性进行了研究。通过文献研究初步设定了我国总承包工程交易模式决策问题的属性集，在市场调查的基础上对初设属性集进行辨识，并构建了决策评价指标体系。

对总承包工程交易模式 UMADM 问题的决策规则进行了研究。分别分析了 D-B、EPC 和 Turnkey 三种总承包工程交易模式的特征，对其在业务范围、经济特性、参与主体能力要求、项目预期控制目标、适应性等五个方面做了比较，并在此基础上确定了总承包工程交易模式 UMADM 问题的决策规则。

对总承包工程交易模式 UMADM 问题的决策模型进行了研究。通过对假设条件的逐步具体化，在指标权重为实数、区间数和完全未知三种情况下分别基于 UEWAA 算子和 ULHA 算子、IA 算子和 ULHA 算子、UEOWA 算子和 ULHA 算子构建了不确定多属性决策模型，分别阐述了其决策方法和步骤，并通过案例分析对三个决策模型的有效性进行了验证。与传统决策理论相比较，本书所构建模型假设条件较宽松，实用性更强。

本书系统地研究了总承包工程交易模式的不确定多属性决策的理论与方法，将不确定多属性决策理论、区间数及可能度排序理论、不确定语言评估标度技术、统计方法与技术等引入到研究中来，丰富了总承包工程决策管理领域的研究方法；建立了总承包工程交易模式的不确定多属性决策的模型，并对其决策支持系统做了初步研究，有助于研究成果的实际应用，并借此促进工程总承包制度在我国的顺利健康发展。

目 录

第1章 绪 论 1
  1.1 研究背景及问题的提出 2
    1.1.1 研究背景 2
    1.1.2 问题的提出 3
  1.2 研究的目的及意义 5
    1.2.1 研究目的 5
    1.2.2 研究意义 6
  1.3 国内外研究现状及评述 8
    1.3.1 工程交易模式绩效 8
    1.3.2 工程交易模式决策属性及规则 10
    1.3.3 工程交易模式决策模型 13
    1.3.4 文献评述及研究趋势分析 15
  1.4 主要研究内容和方法 17
    1.4.1 主要研究内容 17
    1.4.2 主要研究方法 20

第2章 总承包工程交易模式 UMADM 机理分析 23
  2.1 工程总承包及其交易模式 24
    2.1.1 工程总承包的本质内涵 24
    2.1.2 工程交易模式 26
    2.1.3 总承包工程交易模式的类型 27
  2.2 不确定多属性决策 28
    2.2.1 不确定多属性决策的概念 28
    2.2.2 不确定多属性决策的基本要素 29

| | 2.2.3 | 不确定多属性决策的理论基础 | 32 |

2.3 总承包工程交易模式 UMADM 机制 ... 35
    2.3.1 总承包工程交易模式的 UMADM 特征 ... 35
    2.3.2 总承包工程交易模式 UMADM 概念模型 ... 39
    2.3.3 总承包工程交易模式 UMADM 过程 ... 40
    2.3.4 总承包工程交易模式 UMADM 内容 ... 42

2.4 总承包工程交易模式 UMADM 建模机理 ... 43
    2.4.1 总承包工程交易模式 UMADM 属性度量工具 ... 43
    2.4.2 总承包工程交易模式 UMADM 属性集结 ... 45

2.5 总承包交易模式 UMADM 方案排序机理 ... 49
    2.5.1 区间数的优势关系 ... 49
    2.5.2 区间数比较方法 ... 50
    2.5.3 基于可能度的区间数排序机理 ... 50

2.6 本章小结 ... 51

第3章 总承包工程交易模式决策现状调查分析 ... 53

3.1 调查设计与实施 ... 54
    3.1.1 调查背景与目的 ... 54
    3.1.2 调查问卷设计 ... 54
    3.1.3 调查的实施 ... 55

3.2 工程总承包交易模式决策相关因素调查分析 ... 56
    3.2.1 总承包工程项目行业分布 ... 56
    3.2.2 总承包工程交易模式分布 ... 57
    3.2.3 总承包工程交易模式与招标方式的关系 ... 59
    3.2.4 交易模式与业主设计深度的关系 ... 60
    3.2.5 交易模式与项目投资额及工程项目期限的关系 ... 61

3.3 总承包工程交易模式现状诱因调查分析 ... 69
    3.3.1 工程总承包模式的法律法规体系不完善 ... 69

  3.3.2 总承包项目参与各方能力不足 71
  3.3.3 工程总承包企业的道德风险 73
  3.3.4 企业结构与产业结构不合理 75
 3.4 本章小结 77

第4章 总承包工程交易模式 UMADM 环境 79
 4.1 总承包工程交易模式 UMADM 环境构成 80
  4.1.1 总承包工程交易模式 UMADM 环境要素 80
  4.1.2 总承包工程交易模式 UMADM 环境结构 81
 4.2 总承包工程交易模式 UMADM 环境分析 82
  4.2.1 国际环境要素 82
  4.2.2 技术环境要素 84
  4.2.3 社会环境要素 86
  4.2.4 政策环境要素 88
  4.2.5 内部环境要素 89
 4.3 研究假设及理论模型的构建 91
  4.3.1 研究假设的提出 92
  4.3.2 理论模型构建 94
 4.4 问卷设计与数据收集 95
  4.4.1 调查问卷设计 95
  4.4.2 问卷的发放与回收情况 97
 4.5 调研数据前期分析 97
  4.5.1 调研样本概况 97
  4.5.2 总承包决策环境与决策绩效效度检验 99
  4.5.3 总承包决策环境与决策绩效信度检验 100
 4.6 总承包模式决策绩效与决策环境影响因素模型拟合 101
  4.6.1 验证性因子分析 101
  4.6.2 结构方程模型拟合与检验 103

4.7 本章小结 106
   4.7.1 研究假设检验 106
   4.7.2 研究结论 107

第5章 总承包工程交易模式 UMADM 属性 109

5.1 国外工程交易模式决策属性分析 110
   5.1.1 CII 工程交易模式决策属性 110
   5.1.2 OGC 工程交易模式决策属性 110
   5.1.3 ANAO 工程交易模式决策属性 113
   5.1.4 NBBL 工程交易模式决策属性 114

5.2 总承包工程交易模式决策属性初选 115
   5.2.1 决策属性初选原则 115
   5.2.2 决策属性初选分析 116
   5.2.3 决策属性初选结果 119

5.3 我国总承包工程交易模式决策属性的确定 120
   5.3.1 确定方法 120
   5.3.2 数据统计方法 122
   5.3.3 数据统计结果及分析 124

5.4 总承包工程交易模式 UMADM 指标体系 133

5.5 本章小结 134

第6章 总承包工程交易模式 UMADM 规则 135

6.1 总承包工程交易模式特征 136
   6.1.1 D-B 交易模式特征 136
   6.1.2 EPC 交易模式特征 139
   6.1.3 Turnkey 交易模式特征 144

6.2 总承包工程交易模式的联系与区别 146
   6.2.1 业务范围比较 146

　　　　6.2.2 经济特征比较 147
　　　　6.2.3 参与主体能力要求比较 148
　　　　6.2.4 项目预期目标控制比较 148
　　　　6.2.5 适用性比较 149
　　6.3 总承包工程交易模式 UMADM 规则的界定 151
　　6.4 本章小结 152

第7章 总承包工程交易模式 UMADM 模型 153
　　7.1 总承包工程交易模式 UMADM 问题的一般假设 154
　　7.2 总承包工程交易模式 UMADM 模型构建 154
　　　　7.2.1 基于 UEWAA 和 ULHA 算子的群决策模型 154
　　　　7.2.2 基于 IA 和 ULHA 算子的群决策模型 157
　　　　7.2.3 基于 UEOWA 和 ULHA 算子的群决策模型 159
　　7.3 决策支持系统设计构想 161
　　　　7.3.1 总承包工程交易模式 UMADM 的 DSS 系统分析 ... 162
　　　　7.3.2 总承包工程交易模式 UMADM 的 DSS 总体设计 ... 163
　　7.4 模型应用 165
　　　　7.4.1 案例背景 165
　　　　7.4.2 权重确定 168
　　　　7.4.3 模型计算 172
　　　　7.4.4 模型评价 175
　　7.5 本章小结 177

结　论 179

附　录 183

参考文献 201

致　谢 217

第1章

绪 论

1.1 研究背景及问题的提出

1.1.1 研究背景

20世纪60年代，随着两份批评传统工程承包模式（D-B-B）缺陷报告的出台[1, 2]，工程项目业主开始尝试以具有统合设计与施工概念的Turnkey或CM制度作为传统制度的替代方案。20世纪70年代末至80年代初，以设计与施工协同工作为标志的工程总承包模式开始在英国、美国和澳大利亚建筑业迅猛发展[3, 4]。到20世纪80年代，工程总承包模式已经成为西方建筑业的主要工程交易模式。据统计，美国建筑业采用D-B总承包模式的建设项目已从1985年的5%上升到1999年的33%[5]，DBIA（Design-Build Institute of America）甚至预测到2010年采用D-B总承包模式的项目将增长到45%，并开始超越采用传统D-B-B模式的工程项目数量。

自20世纪80年代中期以来，我国政府也多次通过文件和会议的形式在国内大力宣传与推进工程总承包制度。1984年9月国务院颁发的《关于改革建筑业和基本建设管理体制若干问题的暂行规定》中首次提出建立工程总承包企业的设想；1984年12月，国家计委和建设部联合发出关于印发《工程承包公司暂行办法》的通知，首次明确指出了实施工程总承包的要求；1992年4月，建设部颁发了《工程总承包企业资质管理暂行规定》，第一次通过行政法规把工程总承包企业规定为建筑业的一种企业类型；2003年建设部在《关于培育发展工程总承包和工程项目管理企业的指导意见》（后文简称《工程总承包指导意见》）中，对工程总承包、工程总承包企业的基本概念和主要方式做出了明确的界定；2005年建设部又在颁发的《关于加快建筑业改革与发展的若干意见》和《建设项目工程总承包管理规范》中，号召大力推行工程总承包建设方式，并设定了实施工程总承包的管理规范；建设部在2006年制定的《建设事业"十一五"规划纲要》中明确提出了要"积极开展建设项目工程总承包和工程项目管理，提高建设项目管理的专业化和科学化水平"、"推进建筑业体制改革和结构调整"；2009年住房和城乡建设部为规范工程总承包合同管理，促进工程总承包发展，组织起草了《工程总承包合同示范文本》（征求意见稿），并在《关于征求〈工程总承包合同示范文本〉（征求意见稿）意见的函》

中指出："积极推行工程总承包，是深化我国工程建设项目组织实施方式改革，提高工程建设管理水平，保证工程质量和投资效益，规范建筑市场秩序的重要措施。"

然而，一个不可否认的事实是，工程总承包制度在国际建筑市场迅猛发展的同时，在我国的推行却并不顺利。据建设部统计，截至 2006 年底我国建筑市场实行总承包模式的工程项目数量仅达到 10% 左右，且这些总承包项目主要集中在石化、化工、电力、冶金等几个专业工程领域，而作为工程项目数量最大的房屋建筑领域实施总承包项目的份额却很小。以上数据尽管在时间上稍显滞后，但鉴于最近几年我国工程总承包市场并未发生显著性变化的现实，该数据仍能在一定程度上反映出我国总承包市场的发展状况。

1.1.2 问题的提出

我国建筑业工程总承包制度开展的成功与否有赖于建筑业产业结构的成功调整、包括业主在内的各参与主体的成功转型等诸多方面。尽管中国建筑业管理机构、建筑企业管理者、工程项目业主也都意识到了这一点，并已经在一定程度上做出了努力，但工程总承包制度下存在的诸多问题仍需做出深入的研究。

不同的工程项目交易模式约定了各参与方不同的权利、责任和义务结构，也导致了不同的项目实施绩效[6]。在工程项目实施初期，业主往往会面临以下问题：

(1) 在众多的工程交易模式中，最适合某特定工程项目的是哪一种类型，其选择标准如何确定？

(2) 一旦业主打算采用总承包模式，则在我国当前的总承包市场环境中，哪一种总承包交易模式是最适合某特定工程项目的，其选择标准如何确定？决策步骤如何开展？

工程交易模式的决策研究是西方国家近十多年来一直广受关注且极具实践意义的课题。西方工程管理理论界以及部分西方政府或机构对工程交易模式决策问题非常重视。目前，国外已有大量的学者对上述第一个问题进行了研究，相对较少的学者针对第二个问题进行了探讨。西方学者的研究成果为西方政府或行业机构制定政策提供了有效的理论依据，英国、美国、澳大利亚、挪威等国家政府从投资项目的全寿命周期角度出发制订了政府投资项目的采购方法指南，如何选择合适的工程交易模式——即工程交易模式的决策问题——是这些指南着重阐述的内容之一。美国建筑业协会（CII）和挪威Boligbyggelags协会（NBBL）还开发了专门的软件协助业主进行工程交易模式决策，以保证工程项目从一开始就被纳入到科学管理的轨道。

相比之下，关于中国建筑市场的两个问题的研究鲜有发现，特别需指出的，迄今尚未发现国内关于第二个问题的价值较大的研究成果。在工程实践中，绝大多数的交易模式决策是基于对各种模式的一般性优缺点的假定而做出的。在越来越多的工程交易模式被引入到中国建筑市场的情况下，工程交易模式的决策研究也必然将成为中国理论界的一个研究焦点。

在中国政府积极推行工程总承包制度的背景下，针对总承包制度的各种交易模式进行决策研究不仅符合政府主管机构的战略发展规划，且对于改变中国总承包制度的发展现状也是具有较高理论和实践价值的。

由于工程总承包工程制度在我国发展时间短、经验少，理论界和实业界均存在着对其认识不足的问题。业主及决策评估专家在决策过程中对于决策准则、决策指标体系及其权重、总承包工程交易模式属性测度等方面都必然存在诸多模糊或不确定的因素。确定型决策模型的假设条件较为严格，依靠传统确定型决策理论和方法所做出的决策结果往往不能考虑到诸多不确定因素的影响，其可靠性也必然让人怀疑。因此，在决策方法上引入不确定多属性理论是必要且符合中国工程总承包市场发展现状的。

鉴于上述问题的分析，本书基于业主的角度提出了总承包工程交易模式决策研究的问题，并将其置于不确定多属性决策（Uncertain Multi-attribute Decision Making, UMADM）的范畴展开分析。本书的主要研究问题如下：

针对中国工程总承包制度实施现状及决策问题存在诸多不确定性因素的现实，研究总承包工程项目业主应该综合考虑的决策因素；设计总承包工程不同交易模式的决策规则并构建相应的不确定多属性决策模型，以协助工程项目业主在多种总承包交易模式中选择最适合的模式，保证总承包工程项目的顺利开展并获取优于传统D-B-B模式下的建设目标，借此促进工程总承包制度在中国建筑业的健康发展。

1.2 研究的目的及意义

1.2.1 研究目的

现代工程交易模式对于促进建筑业产出成果的创新具有极其重要的作用[7]。在 Blayse 识别的影响建筑业创新的六项主要因素中,工程交易模式被列在第四位。工程交易模式很大程度上决定了工程项目参与者的责任、义务和权利结构的整体框架,同时也决定了项目的建设速度、成本、工程质量与合同管理方式[8]。因此选择合理的工程交易模式,并在其框架下确定项目各参与方的责任、权利与义务也是工程成功的关键因素之一[9]。

选择合理的工程交易模式对于工程的设计和施工效果具有明显的促进价值[6, 10, 11]。在众多的工程交易模式中,尽管没有一个模式是最优越的,但对于任何特定项目而言,都可能存在着一个最佳的选择[12]。在工程实践中,许多项目业主基于专家顾问的倾向性认识或偏见性经验而做出交易模式决策[13],另有部分业主进行的工程交易模式决策则是建立在过度简单化的案例经验上,这些案例仅仅从项目的特征出发,而不是既考虑工程项目本身又考虑工程组织实施效果所隐含的内在决策方法[14]。Skitmore 和 Marsden 是关于工程交易模式决策问题研究的最早开拓者,他们坚持认为工程交易模式决策应该遵循更系统性的理论和方法[15];自此该领域产生了大量的研究与建议试图构造关于工程交易模式的系统性决策方法。但是,现有的文献很少涉及各工程交易模式的子模式决策问题,比如在确定了采用总承包工程交易模式的背景下,总承包的各种不同子模式应该如何选择的问题尚未得到充分的研究。

本书站在业主的角度以中国总承包工程交易模式决策为研究对象,调查分析中国总承包市场工程交易模式决策的现状;比较总承包工程各种交易模式在适用性、经济性等方面的异同,研究中国总承包工程交易模式决策的属性和指标体系;研究总承包工程不同交易模式的联系与区别,确定工程总承包模式决策的规则;根据不确定多属性决策理论的原理和方法,构建总承包工程交易模式决策的模型;阐述总承包工程交易模式决策的方法和步骤,为提高项目业主和咨询企业关于工程交易模式的决策水平提供有效的决策工具和理论依据;结合中国建筑业总承包实施现状提出促进我国工程总承包交易模式决策环境的改进对策，借此在项目开展的起点提高项目发起端——业主方选择总承包交易模式的能力与信心，促进工程总承包交易模式在项目发起端的实施，以从上而下的方式推动中国建筑业其他各参与方对工程总承包制度的重视，以期为促进工程总承包制度在中国建筑业的健康发展做出贡献。

1.2.2 研究意义

1.2.2.1 有助于我国工程管理理论与方法的发展

自 20 世纪 90 年代以来，工程交易模式决策研究一直是西方工程管理界研究的热点，仅在 EI 检索中检索到的自 1999 年以来的有关工程交易模式决策问题的文献就近 2000 篇；而这个问题却一直未得到国内学者的正确认识和充分重视，同时期国内相关文献仅 20 余篇。本书运用统计技术和工具对中国工程总承包交易模式决策现状进行了分析，在此基础上采用文献研究和市场调查相结合的方法研究总承包工程交易模式决策的属性和指标体系，分析总承包工程交易模式的特点、适用性并确定决策规则，将不确定多属性决策理论与工程交易理论结合起来，对总承包工程交易模式的决策问题进行研究，有助于我国工程管理理论与方法的发展。

1.2.2.2 促进工程总承包模式在我国健康快速发展

作为一个传统的技术行业，建筑业为社会创造了巨大的财富。由于历史发展水平的制约和自身的复杂性，无论是在科技含量、工业化、自动化、智能化、劳动生产率还是在组织管理等方面，建筑业都相对落后于其他产业。积极促进工程总承包制度在中国建筑业持续、健康、快速的发展对于改变中国建筑业低效高耗的现状具有重要意义。建设部（现住房和城乡建设部）自 1984 年开始就大力提倡实施工程总承包制度，并于 2006 年将其作为明确目标纳入《建设事业"十一五"规划纲要》。针对工程总承包制度展开研究可为改变建筑业高耗低效痼疾提供必要的手段，进而促进建筑业管理的创新，同时与政府主管部门的战略发展规划相吻合。

工程总承包制度在我国的健康快速发展既有赖于建筑市场环境和政府治理手段等宏观因素的全面改善，又依赖于各参与方组织管理结构和总承包能力等微观因素的转变；由于业主方在我国工程交易市场的主导地位，业主方普遍采用的交易模式不可避免地会对建筑市场其他各参与方产生决定性的引导与示范作用，因此业主方有意愿并有能力选择合适的总承包交易模式是促进工程总承包制度在我国建筑业发展的关键性问题。

针对以上问题进行研究并构建可行的决策模型和决策方法，可以为业主方在选择工程交易模式时提供有价值的理论依据和可行的决策工具，激发业主方采用总承包交易模式的兴趣和信心，并借此引导其他各参与方构建与工程总承包制度相适应的组织结构、核心竞争力、知识储备和人才结构，从而促进工程总承包模式在我国建筑业的健康快速发展。

1.2.2.3 提高工程项目承发包阶段的决策质量，促进项目管理的科学化

业主最重要的目标是以限定的时间、成本获得符合预定质量标准的工程项目。随着工程技术越来越复杂、质量要求越来越高，传统交易模式下的项目成本、建设期限以及合同纠纷也越发增多，业主们逐渐产生了寻求新型交易模式的心里动机[16]。但当越来越多的新型工程交易模式呈现在业主们面前时，由于对新型工程交易模式的知识欠缺，业主们却不可避免地陷入到了无所适从的境况。

工程交易模式确定了工程设计、施工和采购等环节的顺序框架，其决策结果将影响到工程项目所有环节的实施效率[7]，因此该决策过程必须是科学的。然而，我国目前不论是理论界还是实业界，均未认识到该问题的重要性和复杂性；仅就工程总承包模式而言，目前关于它的子模式类别的划分存在较多争议，关于各子模式特征与适用性的定义也并不明确，更缺乏切实可行的决策评价指标体系和决策方法。因此工程实践中交易模式决策往往是在主观评价基础上依据对不同交易模式优缺点的概念性认识而随意做出的。本研究将为中国工程项目业主进行工程交易模式决策提供有效的决策工具，从而提高工程决策质量，促进项目管理的科学化。

1.2.2.4 为工程总承包的相关问题研究提供基础性借鉴

为实现工程总承包模式在中国建筑业的顺利发展，理论界需要针对工程总承包模式下的法律体系建设、招投标机制设计、信用机制设计等问题展开全面的研究与探讨，本书的研究内容和研究方法将对相关问题提供启发和借鉴。

1.3 国内外研究现状及评述

1.3.1 工程交易模式绩效

1.3.1.1 工程交易模式的价值

(1) 交易模式对于建筑业创新的价值。Kumaraswamy 等发现建筑公司由于害怕采用新型交易模式而带来的风险往往会拒绝采用它们,从而使得新型工程交易模式有时会阻碍建筑业创新。新型交易模式会引发进度加快、单纯价格上的竞争和承包商刚性责任,从而导致承包商的对抗性和自我保护行为[17]。但从博弈论的角度分析,Kumaraswamy 等人关于承包商对于新型交易方式存在抵触现象的结论恰恰表现了交易模式对于保护业主利益的重要作用。

(2) 交易模式对于工程项目成功的价值。选择合适的工程交易模式是业主们所要做出的众多重要决策之一,它依赖于工程工期、工程复杂程度、工程变更意愿等诸多因素,可在业主确定的选择标准下比较不同交易模式的优缺点而确定[18]。

Stuart 等也明确指出,工程项目的关键成功因素是项目执行规划,而这个规划的核心就是工程交易模式[19]。

Michael 认为,工程交易模式是提高效率和降低公共基础设施和服务的有效工具,它为业主在基础设施的成本、质量、服务和技术方面寻求价值提供了一种选择[20]。

1.3.1.2 总承包交易模式的绩效

美国建筑师学会以及美国土木工程师协会在 1994 年的报告和 Songer、Molenaar 的研究,从定性研究的角度指出美国实行总承包交易模式的主要理由在于工程总承包可以满足业主追求工程质量的需求;能够缩短工期及节省成本;避免工程争议及纠纷;施工过程流畅;进行风险转移,让有能力的承包商来有效地管理风险;对此美国建筑业做出调整,并借此提升其竞争力[3, 21]。

Roth 通过对 12 个美国海军托儿项目的研究发现,采用 D-B 方法的项目的造价要低于传统交易模式[22]。

Bennett 等人从量化的角度揭示:与传统承包模式(D-B-B)相比,总承包模式可以使工程项目施工期限缩短 12%，使工程项目整体期限缩短 30%，而在费用上则可以节省 13%[23]。

Konchar 和 Sanvido 通过对 156 个 D-B 项目以及 116 个 D-B-B 项目的跟踪研究，发现 D-B 方法使得工程项目的单位造价降低 6%，总成本降低 5.2%，而工期大约缩短 11.4%[24]。

Sanvido 等发现 D-B 方法可以使工程项目的单位成本下降 6.1%，施工工期缩短 12%，项目整体期限缩短 33.5%[25]。

Molenaar 等通过对分别采用 D-B 方法和 D-B-B 方法的工业、民用、高速公路项目的研究发现，59% 的 D-B 项目可以节省 2% 或更多的投资，77% 的 D-B 项目可以提高 2% 或更快的建设速度[26]。

Beard 等人的研究进一步支持了 Sanvido 等人的成果，他们发现在要求更高质量的前提下，总承包模式比传统的承包模式能够使项目进度加快 33%，单位造价降低 6%，并且可以减少一半的索赔和诉讼事件[27]。

Alhazmi、McCaffer 等人以及 PinnacleOne Pulse、Penn State 大学等机构则从实证研究的角度印证了以上研究结果。Alhazmi 和 McCaffer 在沙特阿拉伯的调查中发现，绝大多数的业主认为总承包方法是最合适的工程项目发包方式[28]。

PinnacleOne Pulse 于 2005 年通过对美国 167 个使用总承包模式的公共项目业主的调查发现，推行总承包方法可以使业主面临的项目风险降低 66%，项目成本降低 57%，项目建设期限缩短 38%[29]。

Penn State 大学 2005 年的调查表明，与传统的 D-B-B 相比，总承包模式可以使工程变更有效地降低 90%，由此使 120 个被调查项目的总成本净节省额达到 170 万美元[30]。

Warne 通过对高速公路项目的研究，发现 76% 采用 D-B 方法的项目比计划工期提前完工，D-B 方法可以使工程造价更确定，可以减少工程成本[31]。

Love 和 Davis 等人通过调查揭示了昆士兰州和西澳大利亚公共部门的业主"如何和为何"选择特定的工程交易模式。研究发现，尽管其他模式可能更加适合某些特定项目，但业主们仍然把传统总承包交易模式（Traditional Lump Sum Methods，TLS）作为他们开展工程的首选模式[32]。

Shrestha 等人针对相同建筑结构类型的美国海军士兵宿舍进行了统计研究，其中 38 个项目采用 D-B 方法，39 个项目采用 D-B-B 方法。通过对工程工期、每床工程工期、费用增长和每床费用的对比，证明了 D-B 方法几乎在各个方面都优于 D-B-B 方法。研究同时指出，由于该结论是通过公共项目的研究而得出的，所以不能简单地把这些结论推广到其他类型的项目或组织。研究强烈建议，公共项目应广泛采用 D-B 方法以节省工程工期和工程造价，私人项目也可以考虑采用这个方法[33]。

然而，并不是所有研究都支持上述结论。IBBS 等在全球范围内收集了 67 个工程项目的相关数据，从费用、进度、生产率等方面对 D-B、D-B-B 等交易模式进行了对比研究，研究结果揭示采用 D-B 方式并不能在所有方面改善工程项目绩效，并指出其他一些研究认为采用 D-B 方式可以降低项目费用、提高生产率的结论并不能令人信服[34]。Florence 等通过对在新加坡 107 个工程项目的调查，发现采用 D-B 模式的项目与采用 D-B-B 模式的项目在绩效上的差异是很细微的[35]。FhwA 在对 22 个分别采用 D-B 和 D-B-B 方法的高速公路的研究后也发现，D-B 项目的工程成本大约比 D-B-B 方法提高 3.8%。以上研究尽管都不支持 D-B 方法可以降低工程成本的结论，但同时都肯定了采用 D-B 方法的项目能够提高移交速度，节约项目时间。而 Shrestha 等人的研究则恰恰给出了相反的结论，他们通过对 11 个高速公路项目的研究发现，采用 D-B 方法的项目比 D-B-B 方法在工程成本上约降低 9.6%，但工程工期却延长 5.2%[36]。

1.3.2 工程交易模式决策属性及规则

部分研究成果基于各种不同工程交易模式的优缺点及其适用范围对决策的属性和规则进行了研究。

Eaves 和 Laubach 提出了选择合适交易模式的六项标准，包括工程项目类型、复杂程度、工程设计和施工可以利用的时间、政府工程项目的合同管理规定、承包商的能力和偏好、与各种交易模式相关的成本与财务风险[37]。

Gorden 认为工程交易模式应确定四个方面的内容：工程范围、工程组织、工程合同以及工程授标方式。在讨论了不同工程交易模式的异同之后，设立了帮助业主选择工程组织、合同类型以及工程授标方法的指导准则[38]。

Kangari 通过研究美国前 100 大建筑企业对待工程风险的态度，讨论了影响工程交易模式和合同类型的因素[39]。

Uhlik 和 Eller 比较了在军事项目中采用 D-B-B、CM 和 D-B 交易模式对于工程项目成本目标、工期目标、质量目标的不同影响，认为业主可以根据各自在这三方面的偏好比照其研究成果而做出工程交易模式的决策[40]。

Walter 提出了在美国港口建设中运用 DBOT 交易模式的建议，对比了 D-B-B、D-B 和 DBOT 模式下业主、工程师、承包商和 DBOT 公司所要面临的不同风险，对于工程业主而言 DBOT 方法的优点在于能够提供新的融资来源、节省工程工期和成本、转移工程风险。相对于 D-B-B 和 D-B，DBOT 更适合于港口工程的建设[41]。

Bender 通过案例分析，对比了 D-B-B、D-B 和 CM 三种交易模式在工程项目范围、组织、面临的挑战、通用条件、工程质量等方面的异同。研究表明，在限定的时间和预算内，采用最能满足业主需要以及业主最熟悉的交易模式会带来最好的效果。研究同时指出，尽管业主可以通过竞标来获得最低价格，但也会导致参与各方关系紧张、工程质量降低，并导致最终费用增加[42]。

Tan 对六种主要工程项目交易模式进行了分类、分析与比较，以期为马来西亚工程项目业主探寻选择最优交易模式的办法。Tan 认为正确的交易模式是项目成功的关键之一，而选择了错误的交易模式则往往会导致项目的失败。交易模式的选择取决于四方面的因素：业主是否需要承包商的前期介入、是否需要业主方设计人员的介入、业主是否具备足够的建筑知识、是否需要业主具备工程合同管理能力等[43]。

Hashim 等介绍了影响马来西亚建筑业工程项目交易模式决策的各种因素，认为交易模式影响因素与项目目标紧密联系，既包括可感触性因素（如时间、成本等），也包括不可感触性因素（如可建造性、关系等）；具体的交易模式决策影响指标可分解为时间、可控性变更、项目复杂性、责任分配、风险规避、价格竞争、政府政策和业主对特定交易模式的熟知程度[44]。

叶苏东认为项目开发策略是项目成功的关键，他发现项目开发策略主要由合同计划、合同范围、支付方式和承包商的选择方式四要素组成（即项目开发策略的四元框架），而每个要素又有多个选项，不同的选项进行合理的组合形成不同的开发策略，如整体发包情况下的 PM 模式、CM 模式、MC 模式、设计＋管理、设计＋施工、项目总承包模式和 BOT/PPP 模式等[45]。

杨高升、王敏、王卓甫通过对建设工程交易成本构成的分析，将工程交易方式设计分解为工程发包方式和交易合同设计两个方面，探讨了影响建设工程交易方式设计的因素，提出了工程交易方式的设计概念框架和设计步骤，并重点分析了工程产品模糊程度变化对建设工程发包方式和合同类型设计的影响[46]。

骆汉宾、张伟、梁萍在分析公共项目建设管理模式改革原则和有关政策精神的基础上，从政府、市场分工的角度，将公共项目建设管理模式分为三类，即财政性直接投资为主的代建制，民间融资为主的BOT、PPP模式和多种经济成本并存、组建国有专门公司的运作模式；在此基础上，探讨了选择建设管理模式应参考的主要标准和程序，并对项目融资、组建国有公司运作这两种较新颖的模式的适用范围、运作机理进行了阐述[47]。

林知炎等分析了EPC、Turnkey和D-B交易模式的联系与区别，并特别指出有三类情况不适合采用D-B总承包模式：纪念性建筑、新型建筑和大型土方工程、道路工程等设计工作量少的项目[48]。

Michael鉴于建筑业从业人员对不同工程交易模式的误解，阐述了D-B-B、D-B、DBO（Design-Build-Operate）、BOT（Build-Operate-Transfer）和CO&M（Contracted Operations & Maintenance）等不同工程交易模式的特点、潜在的作用和各自的关键因素，并分析了在应用时对业主的要求[20]。

Migliaccio等在对四个基础设施工程进行对比研究的基础上，使用德尔菲方法建立了指导业主进行工程交易模式选择的变化交易模式（Changing Delivery System，CDS）框架。该框架包含三个主要过程：执行过程、知识建立过程和执行评估过程[49]。

Ratnasabapathy等认为工程项目的交易模式受到不同国家建筑业外部环境的影响，环境因素是交易模式成功的关键所在。经过对行业专家的三轮德尔菲调查，发现主要影响因素在于市场条件、经济状况和财政政策、科技、社会文化是否适合和监管环境五个方面。此外，在确定工程项目交易模式时还需考虑业主需求、项目特性等外部经营环境因素[50]。

Lahdenpera和Koppinen从国际工程市场的范围出发，对道路工程的五种交易模式D-B-B、CM@R（Construction Management at Risk）、D-B、DBO和DBFO的成本进行了经营业绩比较；研究发现，道路工程交易模式的适用性取决于项目的属性和约束，一般情况下，单一合同包括的工程范围越宽，业主所需付出的成本就越低[51]。

1.3.3 工程交易模式决策模型

部分研究成果尝试把数学模型引入工程交易模式决策问题中,为项目业主做出决策提供了较为直观确切的数学工具。已有文献所建立的模型主要基于多元回归和多属性分析两种技术。

1.3.3.1 多元回归技术模型

Bennett 等从业主的角度研究了 D-B 和 D-B-B 方法的决策问题,在收集了 170 多个工程项目数据的基础上利用多元回归分析技术构建了三个模型,分别用来预测工程项目单位成本、施工速度和项目移交速度[52]。

Konchar 等通过实证手段研究了用于对 D-B、D-B-B 和 CM@R 项目绩效预测的相互作用的解释性变量,并基于 316 个项目通过多线回归分析分别构建了用于对单位成本、施工速度和移交速度进行预测的模型[53]。

Molenaar 等在美国收集了 122 个公共项目的相关数据的基础上,应用多元回归分析技术构建了五个模型,分别预测采用 D-B 模式的拟建项目的成本增长率、进度增长率、项目预期符合程度、管理负荷和用户满意度[54]。

Chan 等利用 19 个项目的数据,根据 53 名项目参与者提供的信息,推导出了预测 D-B 项目工期、成本表现和整体项目表现的模型。他们利用因素分析方法得出了影响项目实绩的 31 个因素,并将其分成 6 大类别[55]。

Ling 等人通过对 87 个住宅项目数据的统计,分析了影响 D-B 和 D-B-B 交易模式绩效的 11 个指标,并通过多元回归技术建立了预测 D-B 和 D-B-B 交易模式绩效的鲁棒模型,用于预测项目采用 D-B 和 D-B-B 不同方法可能导致的施工速度、移交速度、质量和工程成本,以此作为业主进行工程交易模式决策的依据[56]。

1.3.3.2 多属性分析技术模型

Al Khalil 和 Silva 在分析了 D-B-B、D-B 和 CM 交易模式特征的基础上,设定了工程交易模式选择的层级指标体系,并运用 AHP 法构建了工程交易模式决策模型[57, 58]。

惠静薇选取在我国应用较广泛的 CDC(业主——设计方——承包商)模式、平行承发包模式、D-B 模式和 CM 模式作为研究对象,对影响工程模式选择的相关因素进行了讨论，并应用模糊层次分析法建立了决策模型[59]。

Mahdi 和 Alreshaid 所建立的 AHP 模型在工程交易模式的类型上有所扩展，除了 D-B-B 和 D-B 模式外，CM 被分解为 CMR 和 CMA 两种类型进行分析；另外，Mahdi 和 Alreshaid 所设置的层级指标体系包括 7 大类 34 个二级指标，评价内容相当广泛[60]。

Mafakheri 等简化了工程交易模式决策的影响指标，设立了只包含 7 个指标在内的层级结构，把 AHP 法和粗糙集理论结合起来构建了工程交易模式决策的评价模型，该模型被用来对 D-B-B、D-B、CM/GC 和 CM/PM 模式进行评价[61]。

ZY Zhao 等为解决工程项目交易模式多目标决策过程中存在的问题并为了克服 AHP 和模糊综合评价方法的不足，提出了非结构模糊决策（NSFDM）的方法；实证研究表明，与层次分析法相比，使用 NSFDM 方法来建立工程项目交易模式决策的分解结构模型时可以增加同一层级因素的数量并且判断矩阵较易通过一致性检验[62]。

Oyetunji 等和洪伟民等运用层次分析法（AHP）建立了工程交易模式决策的指标体系，考虑到由于决策者的个人偏好可能导致的判断矩阵不一致的后果，两份研究都将摆动权重的简单多属性评价法（simple multi-attribute rating technique using swing weights，SMARTS）和 AHP 法结合起来，建立了相应的决策模型[63, 64]。

Chan 和 Caroline 对当前的交易模式选择系统进行了回顾，揭示了已有研究在这方面的不足和缺陷，并在此基础上提出了适应项目建设环境的交易模式模糊选择模型（FPSM），该模型可根据当地建设条件或需求进行修改，克服了实业界和理论界在建立决策系统准则方面的不断争论，为应付不同项目或客户需求提供了一个有用的工具[65]。

1.3.3.3 其他决策工具

GSFIC 和 Ferguson 等把最低标价法和最佳价值法运用到最优工程交易模式决策中[66~68]，Ferguson 等还制订了工程交易模式决策的四个步骤：运用不同工程交易模式的能力；进行项目定义；选择工程交易模式；工程交易模式实施[68]。

Tan 建立了交易模式决策树模型以帮助马来西亚工程项目业主进行工程项目交易模式决策。该模型依据前文所述的决策属性共设置了六个问题，根据业主对六个问题的回答情况可以帮助其做出合适的交易模式决策[43]。

CW Furneaux，KA Brown，AJ Gudmundsson 认为工程采购管理是政府关键活动之一，通过对政府投资工程属性的分析，提出了一种三维工程交易模式管理方法：项目规则维度，组织互动规则维度和复杂性维度。项目规则包括项目成本、质量和时间因素；组织互动规则被分解为协作、竞争和控制；而复杂性则是在各相关机构或不同商业环境的相互作用下该项目本身的表现。各种维度结合在一起可以表现不同工程项目资产的类型，并可为政府工程采购模式的确定提供有效途径[69]。

1.3.4　文献评述及研究趋势分析

1.3.4.1　文献评述

（1）工程交易模式绩效。已有文献从案例研究和实证研究的多角度证明了工程总承包的交易模式对于缩短工程工期、节省工程投资、减少合同纠纷等方面的价值。尽管有少量研究的结果并不完全支持这些结论，但这可能是由于研究的方法以及研究样本容量的不同所导致。这些结论对于在我国大力推行工程总承包从而改善项目绩效、提高建筑业劳动生产率提供了充分的理论依据。

（2）工程交易模式决策的属性及规则。已有文献关于工程总承包交易模式的种类和概念尚未统一，即便是《工程总承包指导意见》中关于工程总承包的界定也存在诸多瑕疵。工程项目的不可重复性使得各种交易模式的比较缺乏统一的基准，比较结果可能会掺杂研究者的主观因素[70]。尽管已有文献较充分地分析了影响工程交易模式决策的属性，其含义以及对交易方式决策的作用逐步明确，但其研究往往局限于 D-B-B、D-B 和 CM 三种方法之间，对其他类别特别是总承包工程交易模式未有足够的涉及，因此总承包工程交易模式决策的属性和决策规则仍不明确，特别适合于我国建筑市场的决策指标体系尚未被充分研究。

（3）交易模式决策模型。多元回归技术着眼于对历史项目数据的统计和总结，并以此为依据构造回归模型来预测待建项目采用不同交易模式时的绩效。但从已有文献所构建的决策模型来看，这类模型有的假设条件过于苛刻，有的预测精度较低，有的适用范围有较大限制，不适于向全行业推广。比如 Bennett

等人的模型，在项目开始之前，预测者无法获得一些独立变量的信息，但在预测某个指标值（如施工速度）时模型中却包含了这些无法预先获取的独立变量作为预测变量（如质量和单位成本），所以模型的操作性较差；再如 Konchar 等人的模型中并没有给出回归公式的细节，限制了模型的应用；而 Chan 等人与 Molenaar 等人的研究成果，仅仅适用于采用 D-B 方法的公共项目；另外，由于 Chan 等人模型的研究样本数量相对较少，其研究成果的普遍性也受到较大限制。

多属性分析技术的应用为工程交易模式的决策提供了一种新的思路，但已有文献的研究在指标的选取上以及在预设工程交易模式的类型上都存在与前文所述相同的弊端。另外，在我国工程总承包制度发展并不普及的建筑市场环境中，忽略决策问题的不确定因素而运用确定性的多属性决策技术必将对决策结果的可信度产生影响。

1.3.4.2 未来的研究趋势

国内外学者的研究成果为本书的研究奠定了坚实的基础。国内外学者对于工程交易模式及其决策开展了广泛的研究，基于不同数学工具构建了多种决策模型；综合分析国内外关于工程交易模式决策的研究，以下几个方面有待于进一步的研究：

（1）总承包工程交易模式决策属性的研究。属性集是 UMADM 问题的基本要素之一，对工程总承包的三种不同交易模式各属性的比较判别是 UMADM 的基础。由上面的综述可知，已有文献针对总承包工程交易模式决策属性的研究尚不充分，不足以支撑该决策问题的开展。因此，在我国建筑业发展现状的条件下，研究归纳影响我国总承包工程交易模式决策的属性集并提炼决策指标体系是进行该领域研究的基础性的问题。

（2）总承包工程交易模式决策规则的进一步研究。决策规则是决策专家对不同方案各属性进行评价的标准，它来源于对交易模式间联系与区别进行研究的结果。而目前关于总承包工程各交易模式间关系的研究也不充分，因此无法形成有效的交易模式决策规则。这个情况不仅会影响项目业主进行交易模式决策活动的开展，而且势必导致项目各参与方在工程实施中对各自责任、权利和义务的模糊，并将最终影响到项目的整体利益。因此，关于总承包工程各交易模式间关系以及交易模式决策规则的进一步研究将是该领域的一个新的研究方向。

（3）总承包工程交易模式决策模型的进一步研究。在对交易模式决策模型的研究方面，一个很明显的趋势是模型所依赖的数学基础已经逐步从早期的多元回归技术向多属性分析技术演变。然而，在我国工程总承包制度实施并不充分的条件下，工程交易模式决策问题不可避免地存在诸多不确定因素，不论是多元回归技术还是传统多属性决策技术都不能很好地解决这些问题，而不确定多属性分析技术恰好为解决此类问题提供了合适的数学基础。可以预见，利用不确定多属性分析技术进行工程交易模式决策建模将是该领域未来的一个研究趋势。

（4）总承包工程交易模式决策支持系统的开发。工程项目通常都包含着大量不确定的信息，决策支持系统可以将决策者从低层次的信息分析处理工作中解放出来从而专注于最需要决策智慧和经验的工作，从而提高决策的质量和效率。另外，决策支持系统是一种建立在大量的数据基础上，综合利用各种数据、信息和模型技术的信息处理系统，可以为决策者提供及时、准确、科学的决策信息。在其他行业纷纷推出决策支持系统的背景下，工程交易模式决策支持系统的研发也将是该领域的一个研究趋势。

相比国外关于工程总承包制度的研究，我国在这个问题上的研究明显不足，且研究水平存在一定差距。仅针对工程交易模式决策问题而言，自1999年到现在，以"工程"+"交易模式"为关键词搜索到的国内文献仅10篇；以"项目"+"交易模式"为关键词搜索到的国内文献仅12篇。而在国外，同时期在EI检索中按"Project delivery systems"对title检索，查询结果是24篇，对abstract查询结果是1698篇；在EI检索中按"Project delivery method"对title检索得到22篇，对abstract检索查询结果是685篇。在我国大力推行工程总承包模式背景下，借鉴国外关于总承包工程交易模式的研究成果，从不同层次不同角度针对我国工程总承包制度展开研究，也将是我国工程管理领域的一个新的研究热点。

1.4 主要研究内容和方法

1.4.1 主要研究内容

本书将应用不确定多属性决策相关理论，对总承包工程交易模式决策的

方法进行研究,主要研究内容如下:

(1) 总承包交易模式决策建模及排序机理。分析总承包工程交易模式决策的不确定多属性特征,为将该决策问题置于不确定多属性理论和方法研究范畴寻求理论依据;分析总承包工程交易模式 UMADM 问题的决策机制,确定其主要决策内容,为选择相应解决方法奠定基础;分析不确定多属性理论框架下该决策问题的属性度量工具、属性集结方法以理清其建模思路;选择不确定多属性理论框架下备选方案的评价工具及排序方法以分析其排序机理。

(2) 总承包工程交易模式的决策现状的调查。通过调查,分析我国总承包工程交易现状,利用 SPSS 统计软件对总承包工程行业分布状况、交易模式分布状况、总承包工程交易模式与招标投标模式间关系、总承包工程交易模式与项目投资额和项目建设期限间关系等进行分析,在此基础上分析我国总承包工程业主在进行交易模式决策时存在的决策偏好,探索我国当前的建筑业环境对该决策产生的障碍。

(3) 总承包工程交易模式的 UMADM 决策属性。对总承包工程交易模式 UMADM 问题的决策环境进行了分析,通过文献研读和实践分析的方法确定决策环境与决策绩效指标体系。在市场调查的基础上构建了决策环境与决策绩效之间的相互影响关系结构方程模型,剖析了决策环境与决策绩效的影响机理。

(4) 总承包工程交易模式的 UMADM 决策属性。借鉴国外政府和机构及研究文献在相关问题的实践经验和理论成果,初步设定了 4 类 20 个属性构成我国总承包工程交易模式决策的主要影响因素集;在专家访谈的基础上对我国总承包工程交易模式决策影响因素的调查问卷进行完善;经过问卷调查和对调查数据的统计,分析来自政府、投资、建设和咨询等领域专家反馈意见的一致性,并根据各组专家的综合意见确定了我国总承包工程交易模式决策的指标体系。

(5) 总承包工程交易模式的 UMADM 决策规则。通过对不同总承包交易模式特征的分析,从承包范围、经济特征、参与主体能力要求、项目预期控制目标和适应性等方面对三种总承包交易模式的异同进行对比,并由此构建我国总承包工程交易模式各评价指标的决策规则。

(6) 总承包工程交易模式 UMADM 决策模型。针对我国总承包工程交易模式决策问题中的不确定因素分别做出不同的假设,在对指标权重向量相关假设分别进行实数型、区间型和完全未知三种具体化的条件下,构建基于

$UEWAA$ 算子和 $ULHA$ 算子、基于 IA 算子和 $ULHA$ 算子、基于 $UEOWA$ 算子和 $ULHA$ 算子的三种总承包工程 UMADM 群决策模型,描述了其不同的决策方法和步骤,并通过案例分析验证模型的算法及其有效性。

技术路线和研究结构框架见图 1-1。

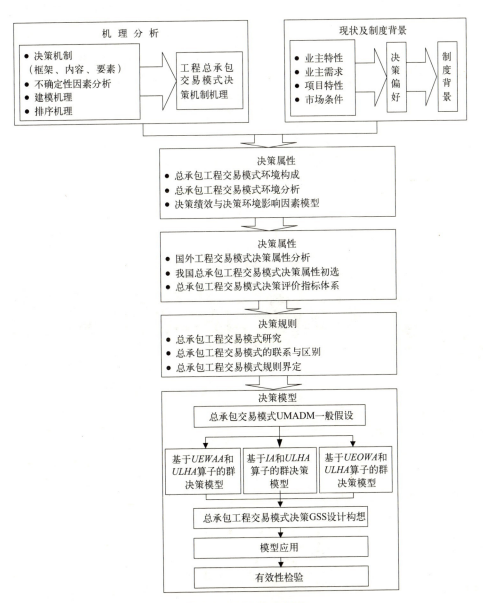

图 1-1 本书结构框架图

1.4.2 主要研究方法

本书研究注重广泛查阅相关文献,在充分翔实地了解掌握相关领域研究现状的基础上,本着有效性、系统性和多学科交叉性的原则,积极吸收相关领域的研究成果,紧密跟踪国内外的相关研究动态,深入分析和研究工程总承包交易模式决策的相关文献和理论,采用定量分析与定性分析、理论分析与案例分析相结合的方法,综合运用工程管理理论、统计方法和技术、系统科学、不确定多属性决策理论等多学科知识,进行总承包工程交易模式决策的研究,其技术路线及具体研究方法如图 1-2 所示。

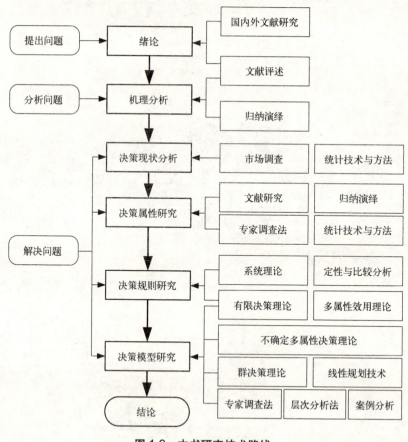

图 1-2 本书研究技术路线

(1) 文献研究的方法。通过对国内外相关文献的研究,了解本课题的研究现状，提出本书的研究问题；对总承包工程交易模式 UMADM 问题进行机理分析，并通过归纳演绎，确定了解决问题的理论、方法和技术；在文献研究的基础上总结西方政府或机构以及现有文献在该决策问题上所涉及的影响因素，初步设定我国总承包工程交易模式 UMADM 问题的属性集。

（2）系统论的观点和方法。从系统论的角度分析总承包工程交易模式决策的现状；以系统论的观点分析我国总承包工程交易模式决策现状的诱因；以系统论的观点和方法对我国总承包工程交易模式 UMADM 的决策规则做出研究，在分别对 D-B、EPC 和 Turnkey 交易模式的特征进行分析的基础上，综合比较其五方面的联系和差异，并确立了决策规则。

（3）市场调查和专家调查的方法。通过对我国总承包市场的调查，收集了我国境内 160 个实施总承包模式的项目案例，作为进行总承包工程交易模式决策现状分析的基础；在我国总承包工程交易模式 UMADM 问题的初步设定属性集的基础上，通过专家调查对属性集进行了优化，再采取市场调查的方法确定了总承包交易模式决策的指标体系；通过专家调查和 AHP 方法确定了决策指标的实数型和区间型权重向量。

（4）统计学技术和方法。利用 SPSS 统计软件分析了我国总承包工程交易模式与招标模式、项目投资额和项目期限、业主方设计深度的关系；采取 Mean Score 方法和 Ranking Agreement Factor 方法对影响我国总承包工程交易模式决策的主要因素的调查结果进行分析。

（5）综合运用多种理论和方法以及多学科知识。依据有限决策理论和多属性效用理论研究决策规则；应用线性规划技术和软件确定决策评价指标体系的区间型权重向量；通过不确定语言评估标度获取决策属性的不确定量化评估值；通过引入不确定多属性理论的集结算子，实现各备选方案定性指标评价值的集结计算；应用有限决策理论、群决策理论和不确定多属性理论构建总承包工程交易模式的决策模型，并通过案例分析的方法对模型进行验证。

第 2 章

总承包工程交易模式 UMADM 机理分析

2.1 工程总承包及其交易模式

2.1.1 工程总承包的本质内涵

中国对于工程总承包的官方解释见诸于建设部颁布的建市 [2003] 30 号文《工程总承包指导意见》："工程总承包是指从事工程总承包的企业（以下简称工程总承包企业）受业主委托，按照合同约定对工程项目的勘察、设计、采购、施工、试运行（竣工验收）等实行全过程或若干阶段的承包。"

国外相关机构和学者对于工程总承包所做的解释各有不同，除均强调了设计和施工的一体化之外，在承包的范围上往往还涉及融资、工程评估、执照申请、营运管理等诸多业务[71,72]。目前较受普遍认可的是美国建筑师学会、美国土木工程师协会、联合国跨国机构中心、美国总承包协会和国际顾问工程师协会等五个机构对工程总承包所做的描述。

美国建筑师学会(American Institute of Architects, AIA)认为："设计—施工"(Design-Build)是由一个机构同时负责设计与施工，并与业主签署负全部工程责任的单一合同，这个设计—施工机构通常同时提出设计及施工报价，并在工程进行初期即接获施工委托，设计与施工有可能并行作业[73]。这个定义里的总承包经常与"设计—施工"通用，但总承包合同的内容却并不仅限于设计及施工的范围，还包括可由承包商提供的其他服务，如土地取得、融资、采购、营运、运转及维护或人员训练等。

美国土木工程师协会（American Society of Civil Engineers，ASCE）认为总承包（Design-Build、Turnkey）工程合同是由一个机构负责完成合同中所规定项目的设计及施工。该机构可为单一公司或由数个公司联合的组织。合同承揽方式可为议价或竞标，并可采用总价承揽、成本加酬金等多种计价方式[74]。

联合国跨国机构中心（United Nations Centre on Transnational Corporations）认为总承包合同(Turnkey Contracts)也可称为"设计—施工"合同(Design-Build Contracts)，其内容包括设计、施工、设备采购及营运前的测试工作，并由总承包商承担全部工程设计、施工的合同责任[75]。

美国总承包协会 (Design-Build Institute of American，DBIA) 认为 Design-Build 是由一个同时具备设计和施工能力的单一公司与业主签署一份总承包合同并完成设计和施工任务的承包方式；而 Turnkey 则通常表示业主不仅需要单一组织提供设计与施工的服务，还要包括项目的融资甚至营运及日后的维修等业务，因此，DBIA 规定的 Turnkey 和 Design-Build 合同之间存在一定的区别[76]。

国际顾问工程师协会（International Federation of Consulting Engineers，FIDIC）认为总承包合同是由总承包商执行各项工程设计、供应与施工（Engineer，Procure and Construct，EPC）任务，负责整个工程的设计、施工和营运。在某些情况下，这种方式还可包括工程的财务筹措。而 Design-Build 仅指总承包商负责办理全部设计与施工工作[77]。

在五个国外机构对总承包概念的表述中，工程总承包涉及到 Design-Build、Design-Construct、EPC、Turnkey 等不同的名词，在部分较为严格的政府或机构文件上，Turnkey 和 Design-Build 的含义是有区别的；但在习惯上，近年来在美国诸多学术论文乃至部分不甚严格的政府或机构文件里，都以"Design-Build"统一称呼[78]。

尽管表述不同，但五大国际机构对工程总承包的解释存在两个共性：

（1）均强调设计与施工的一体化。设计与施工任务不再分别发包给不同的机构，而是由一个机构负责完成，而且提倡设计和施工的并行开展。

（2）均强调合同关系的单一性和总承包企业的单一性。不管承包任务所涉及的工程环节多少，均由单一公司或联合体（one entity）与业主签订单一合同（a single contract）。

由此可见，设计与施工一体化以及合同关系的单一性是工程总承包的本质内涵，这正是总承包方法区别于传统 D-B-B 方法的关键所在。

对比中外建筑界对工程总承包的界定，可以发现我国《工程总承包指导意见》所给出的概念既没有强调设计与施工一体化的原则，也没有说明合同关系的单一性特征，没有突出总承包模式的本质涵义。另外，从概念的层级关系来看，"工程总承包"概念应该是解释"工程总承包企业"的基础和前提，但我国《工程总承包指导意见》中却以"工程总承包企业"的行为来解释"工程总承包"，违背了概念间的逻辑关系。尽管《工程总承包指导意见》对于工程总承包的模式有明确的说明，但仅从概念表述来看，这个概念是不严谨、不全面的。鉴于此，本书对工程总承包作如下界定：

受业主委托，由唯一承包方按合同约定对项目的勘察、设计、采购、施工、试运行（竣工验收）等全过程或至少包括设计和施工阶段进行的承包。

2.1.2 工程交易模式

模式是指能被重复使用的方式或方法。国内外不同机构和学者对工程交易模式的解释在涵义上也大同小异，都承认它是一种方式或方法。

Georgia State Financing and Investment Commission 从专业分工的角度对工程交易模式做出表述，认为工程交易模式（Project delivery method）是业主将工程风险和设计施工责任转移给他人的工程采购方法[79]，强调了工程交易过程中工程风险与责任的转移。

ASCE 和 Beard 则以系统论的观点对工程交易模式做出阐释。ASCE 认为工程交易模式是"项目参与方为了实现业主的目标与目的、完成预定的工程设施而组织实施项目的系统方式[80]"；而 Beard 等认为工程交易模式是由项目设计和施工过程中对项目的成本、工期、质量等因素进行管理的各阶段程序而组成的系统集合[81]。

Gould 把工程交易模式界定为为了管理项目设计和施工进程而对项目进行组织的方法，项目通过工程交易的诸多方法而被定义和建设；完整的工程交易模式在内涵上应满足业主以下需求[82]：

(1) 项目的范围和需求应该被明确界定。
(2) 应确认工程交易模式的程序、行动和事件的顺序。
(3) 通过选择工程交易模式应设定合同的需求、责任和义务。
(4) 规划并形成各参与方的协议文件。

Gould 的表述强调了任务的确定、交易顺序及合同界定，其实质是表达了什么样的"任务"或"项目"能进行交易，以及交易如何进行和界定。Koppinen 继续沿用了 Gould 关于工程交易模式的观点，并将其进一步简化为"根据合同进行工程设计、施工、运营和维护等活动的组织和融资方法[83]"。

Mafakheri 等认为工程交易模式是业主根据其需求为完成设施建设而与其他组织之间形成的一种合同结构和费用协议安排的方法[84]，主要是站在业主的角度强调与其他组织之间的工程合同和费用协议安排。

可以看出，国外机构和学者关于工程交易模式的解释更加偏重于业主和项目参与方之间所达成的关于工程项目的组织程序、实施费用（来源）与合同安排。而我国的王卓甫则认为工程交易模式是工程发包方式、业主管理方式和发包合同类型的总称[85]，其实是对工程交易具体类型（必然关联对应合同类型）和管理方式进行陈述，本质上也是站在业主的角度谈工程交易模式。

本书认为，分别站在业主、承包方（设计、施工、供货、管理、监理等）、使用方及政府监管的不同角度，对工程交易模式的认识和理解的侧重点也会不同。但不论如何，工程交易模式都涉及工程参与方的组合形式（组织形式）、工程实施方式、经费来源及对应的程序与合同安排，形式上是工程任务的实施和分派方式，本质上是工程承建权的交易和相关责任的转移，同时也意味着风险的转移，是在当时时代背景下（社会分工、技术水平、企业资质状况、工程任务规模与复杂程度、法律规制状况等），工程项目各参与方为了提高工程建设效率而可能进行的专业分工与合作形式。

2.1.3 总承包工程交易模式的类型

如前文所述，国外关于总承包工程交易模式有 Design-Build、Design-Construct、EPC、Turnkey 等诸多类别。我国《工程总承包指导意见》也指出工程总承包以设计—采购—施工（EPC）/交钥匙总承包和设计—施工总承包（D-B）方式为主，但是同时指出，根据工程项目的不同规模、类型和业主要求，工程总承包还可采用设计—采购总承包（E-P）、采购—施工总承包（P-C）等方式。但根据罗能钧的分析，E-P 模式和 P-C 模式作为工程总承包变体并不能体现集成化优势，将设计和施工分割然后分别与采购结合的模式认定为总承包模式，有悖于工程总承包模式设计的集成化本质内涵，因此，严格意义上的工程总承包就是指设计—施工总承包（D-B）和设计—采购—施工（EPC）总承包两类[86]。按照工程总承包的本质内涵，罗能钧所提出的不同意见是有道理的，但将工程总承包模式仅仅归纳为 D-B 和 EPC 两个类别则有失偏颇。在我国《工程总承包指导意见》以及罗能钧的研究里，Turnkey 方法都被看作是 EPC 方法的一个代名词。但实际上，从当前工程总承包的实践情况来看，Turnkey 和 EPC 之间尽管有许多相似之处，但还是存在着诸多不同。在两类方法所跨越的工程建设阶段上，EPC 包含设计、施工、采购和试运行服务等阶段，而 Turnkey 则向前延伸到项目决策阶段，向后则延伸至试运行阶段。在林知炎、Al-Sinan、Kapadia、赵兴祥、田兵权、熊华平[48, 87-91]、王孟均、卢汝生等学者的部分文献以及美国建筑业协会（Construction Industry Institute，CII）的研究报告里[92]，Turnkey 和 EPC 都是作为平等的模式进行论述的。

需要指出的是，尽管有国际机构（如 AIA 和 DBIA）将项目融资工作也纳入到总承包工程的发包范畴以内，但在我国诸如 BOT 及其囊括融资环节的衍生模式经常被作为一种融资方式。

综上所述，本书将工程总承包交易模式界定为 D-B（Design-Build）、EPC 和 Turnkey 三种类型。

2.2 不确定多属性决策

2.2.1 不确定多属性决策的概念

2.2.1.1 多属性决策（Multi Attribute Decision Making，MADM）

MADM 是现代决策科学的一个重要组成部分，其理论和方法在投资决策、项目评估、厂址选择、招标投标决策等工作中有着广泛的应用。MADM 又称为有限方案多准则决策。MADM 的实质是在考虑多个属性或指标的情况下，利用已有的决策信息通过一定的方式对一组（有限个）备选方案进行排序并择优的决策问题[93]。MADM 由两部分组成：

（1）获取决策信息。决策信息一般包括两方面的内容：属性权重和属性值。

（2）通过一定的方法对决策信息进行集结并对方案进行排序和择优。

MADM 与多准则决策的另一个分支多目标决策（Multi Objective Decision Making，MODM）最明显的区别在于，MADM 的研究对象是离散的有限数量的备选方案，而 MODM 的研究对象则是连续的无限数量的备选方案。

多属性决策问题一般具有如下特征[94]：

（1）备选方案：简称为方案，是决策的客体，在不同的实际问题中，方案的称谓也等同于选项、策略、行动，或者候选者。这些方案被多个相互冲突的属性所刻画。

（2）多个属性：每个问题都有多个属性。对于每个问题情况决策者必须产生相应的属性，其多少与问题的性质有关。

（3）不同量纲：每个属性使用不同的测量单位，不同的测量单位使得属性测度的数值不能直接用于属性整体的比较。

（4）属性权重：几乎所有的多属性决策问题都需要关于每个属性相对重要性的信息，这些信息通常可由决策者直接以基数或序数的形式提供。

多属性决策方法采用一定合成算法对权重和属性指标进行综合关系合成，得到决策综合效用指标或决策综合排序指标，按照一定的排序方法对各方案进行比较，从中选择出最优方案或对方案进行排序。常用的基本决策方法包括：简单线性加权法、正理想点法、负理想点法、TOPSIS法和AHP法等。

2.2.1.2 不确定多属性决策（Uncertain Multi Attribute Decision Making，UMADM）

（1）不确定性。传统的MADM问题是指确定型的，即决策信息本身是确定的、明确的。但在现实中，由于人们主观判断的局限性以及对事物认识的不充分性，往往无法给出事物的精确信息或准确的概率分布特性。如果忽略了信息的不确定性，或不能对其进行科学的处理，将不能正确认识事物的本身，更不能科学研究复杂系统问题，也就不能得到符合实际的解决问题的方法。不确定性是决策分析中普遍存在一个现象，它一般表示为两种形式：一种是事件是否发生的不确定性，即随机性；另一种是事件本身状态的不确定性，即模糊性[93]。

（2）不确定多属性决策。多属性决策过程中，如果决策信息具有不确定性或模糊性，决策属性集合中含有定性属性，或者决策者给出的偏好信息具有不完全性，即属性值或指标值因种种原因无法表示为确定的数值，决策信息不完全，这种情况下的多属性决策统称为不确定多属性决策[95]。

2.2.2 不确定多属性决策的基本要素

UMADM问题包含4个基本要素：决策单元、决策方案、准则体系和决策结构[96, 97]。

2.2.2.1 决策单元

决策单元是决策过程的主体，工作是接受任务、输入信息、生成信息和加工成智能信息，从而产生决策。决策单元包括决策者（Decision Maker，DM）和共同完成决策分析研究的决策分析者（Decision Analyst，DA），以及用以进行信息处理的系统或设备。DM 的主要职责在于提出问题，规定总任务和总需求确定判断价值和决策规则，提供偏好信息，抉择最终方案并组织实施；DA 受 DM 的委托，适用定性定量等方法对备选方案进行评价或比较，提出决策建议以供 DM 最终决策参考。

不改变决策的性质，将 DM 和 DA 统一以 D（决策者）表示，多个决策者 D_k 构成了决策单元矩阵 D：

$$D=\{D_1, D_2, \cdots, D_k\} \qquad (2\text{-}1)$$

2.2.2.2 决策方案

决策方案是决策过程的客体，是决策的对象。当决策方案被认为可以实施或符合决策者的某些要求时，就形成备选方案（Alternative），也称为选项（Option）、策略（Policy）、行动（Action）或候选者（Candidate）。以 X 表示备选方案的集合，$x_i (i \in N)$ 表示备选方案，假设方案集有 n 个方案，则有：

$$X=\{x_1, x_2, \cdots, x_n\} \qquad (2\text{-}2)$$

一般来说，UMADM 问题的备选方案应该是有限的，且相互独立的。

2.2.2.3 属性

（1）属性与指标。属性是指方案的固有特征、品质或性能。凡能表示决策方案绩效的参数，并因此使其与其他客体相似或相异的一切成分、因素、特征、性质等都是属性。属性可以提供评价目标级别的方法，每一个方案都可以用一系列属性来表述。当用某个属性来比较两个方案时，实际上是要用两个方案在属性上不同程度的评价来进行比较。因此，分析属性评价的程度不同就产生了不同的属性度量标度。

针对某属性预先设定的值或期望的程度通常称为指标，指标既包括属性的名称，又包括属性的数值，反映实际存在的事物的数量概念和具体数值。

（2）属性集。反映备选方案影响因素、特征、性质等多个属性构成方案的属性集。不确定多属性决策问题的具体化必须建立指标体系,设定层次结构的指标体系才能方便评价备选方案。所以,指标体系最底层一般式直接或间接表征方案的属性层,而且应当尽量选择属性值能够直接表征相应特征关系满足程度的属性。当目标无法用属性值直接度量时,只能选用简介表征相应特征关系满足程度的待用属性(Proxy Attribute)[98]。

以 U 表示属性(Attribute)的集合,$u_j (j \in M)$ 表示属性,假设属性集有 m 个属性,则有:

$$U=\{u_1, u_2, \cdots, u_m\} \tag{2-3}$$

(3) 属性及属性集的性质。MADM 问题的属性 $u_j (j \in M)$ 要求:

可理解:要能充分说明目标满足的程度;

可测:给定方案的属性在实际上可以用数值(以一定单位)来表示。

在 UMADM 问题中,属性的测度除可以表现为数值外,往往还以区间数或语言标度的形式表现。

在决策问题中,属性集的确定直接影响了决策结果的准确与否。属性集的确定一般要通过分析者和决策者之间的沟通确定,分析者选择的属性集要正确反映决策者的意愿,否则会使决策结果失去应用价值。UMADM 的属性集合 U 应满足 MADM 的理想的属性集合的 5 个性质[98]:

完整性:属性集合应表征决策要求的所有重要方面;

可运算性:属性能有效地用到随后的分析中去;

可分解性:可将决策问题分解,以简化评价过程;

无冗余性:不重复考虑决策问题的某一方面;

极小性:不可能用其他元素更少的属性集合来描述同一多准则决策问题。

以上特性又称为属性集合的理想条件,要完全满足这些特性是很困难的,一般而言,根据以下原则选择的属性集即被认为是科学、合理的:

全面性原则:属性集全面地反映了被评价问题的各个侧面;

目的性原则:属性集所包含的属性紧紧围绕所决策问题的目的而展开;

独立性原则:属性间应不存在隶属、交叉、关联等关系。

(4) 决策矩阵。通过对备选方案所有属性的测度可以实现决策者对备选方案的价值判断。对于方案 x_i,按属性 u_j 进行测度,得到 x_i 关于属性 u_j 的属性值 a_{ij},从而构成决策矩阵 $A=(a_{ij})_{n \times m}$,如表 2-1 所示。

决策矩阵 A   表2-1

	u_1	u_2	…	u_j	…	u_m
x_1	a_{11}	a_{12}	…	a_{1j}	…	a_{1m}
x_2	a_{21}	a_{22}	…	a_{2j}	…	a_{2m}
…	…	…	…	…	…	…
x_i	a_{i1}	a_{i2}	…	a_{ij}	…	a_{im}
…	…	…	…	…	…	…
x_n	a_{n1}	a_{n2}	…	a_{nj}	…	a_{nm}

2.2.2.4 决策结构

决策问题的结构是由决策问题的形式、决策的类型和决策者自身在决策问题中发挥的作用等共同决定的。决策结构的内容包括：

（1）决策问题的组成、结构、边界以及所处的环境条件；

（2）决策问题的数量和类型；

（3）备选方案集和属性集以及测量的标度类型；

（4）方案和属性间以及属性和准则间的关系、同一层次的属性间的关系；

（5）决策规则，即对决策方案进行排序和比较所使用的规则等。

其中决策规则一般分为两类：最优规则和满意规则。最优规则是使方案完全序列化，然后从中选择出最优的方案；满意准则把可行方案划分为若干个子集，牺牲了最优性，使问题简单化，寻求令人满意的方案。在多属性决策中特别是不确定多属性决策问题中，方案集不是完全有序的，因此只能在满意规则下寻求决策者满意的方案。决策者的满意度一般通过"偏好信息"来表达。

2.2.3 不确定多属性决策的理论基础

2.2.3.1 有限理性决策理论

参照决策时理性程度的不同，将决策分为规范决策理论（规范模型）和行为决策理论（包含有限理性模型、成功管理模型和社会模型）2大类，4种模型。4种模型理论的发展体现了决策从完全理性到完全非理性的变化[99]。

理性决策假定决策者对于决策问题具有完备知识，要求决策者具有完全理性。实际上，决策者的理性是有限的（既非非理性，又非完全理性）。但这种有限理性已足以使他们在现实环境中作出合理判断和决策。Arrow 提出了有限理性（bounded rationality）的概念，他认为有限理性就是人的行为"即是有意识地理性的，但这种理性又是有限的"。在诺思看来，人的有限性包括两个方面的含义，一是环境是复杂的，在非个人交换形式中，人们面临的是一个复杂的、不确定的世界，而且交易越多，不确定性就越大，信息也就越不完全；二是人对环境的计算能力和认识能力是有限的，人不可能无所不知[100]。

20 世纪 40 年代，西蒙在其《行政行为学》中把行为科学引入了决策理论，提出了有限理性论。有限理性决策就是要在承认决策者不具备全面理性的情况下，或者在受限制的理性情况下，用满意准则代替传统的最优化准则，对决策方案进行选择性搜索，用寻求满意的方案来代替最优方案。

有限理性的发展方向大致可以分为三大类：(1) 在现有理性模型的基础上完善或放开原来理性模型制定的一些假设；(2) 在实验观察的基础上构建新模型，放弃现有模型；(3) 把可观察的行为模式用来简化最大最小化问题或者添加一些简单的适应性规则，然后在两种模型之间寻求一定程度上的折中[101]。

2.2.3.2 多属性效用理论[97]

18 世纪初，Bernoulli 在圣彼得堡悖论中提出了货币效用期望值思想，到 19 世纪逐渐发展形成了经济效用理论，1944 年 von Neumann 和 Morgenstern 采用公理化形式，创建了现代效用理论。效用理论是决策科学的最重要的基础理论之一，它从理论和方法上为研究多属性决策（包括不确定多属性决策）客体提供了可能。

为了区别不同的偏好，多属性效用理论用价值函数表示基于序数比较和偏好强度概念的偏好理论，用效用函数表示基于风险选择概念的偏好理论。

(1) 价值函数。如果 X 上的严格偏好 $\succ$ 是一个弱序，并且 X 是有限的或可数的，那么存在一个偏好属性的表述，即 X 上的实值函数 v 使得对于所有 X 上的 x,y，当且仅当 $v(x)>v(y)$ 时有 $x \succ y$。由于 v 是一个确定情况下的偏好表述函数，因此被称为价值函数。如果对 $w,x,y,z \in X$，有 $(w \to x) \succ (y \to z)$ $\Leftrightarrow v(w)-v(x) \geqslant v(y)-v(z)$ 且 v 对正线性变换是唯一确定的，则称 v 为可测价值函数。

确定可测价值函数方法包括方案基数尺度直接评价，或者偏好差异的直接比较，也可以进行偏好差异的比率比较如通过 AHP 等方法进行。

(2) 效用函数。风险方案的偏好表述，是定义在展望或相互独立和完备事件的后果上的。von Neumann 和 Morgenstern 的期望效用理论假设存在实值函数 u 使得 $\forall p, q \in P$，当且仅当 $\sum_{x \in X} p(x) u(x) \geqslant \sum_{y \in X} q(y) u(y)$ 时有 $x \succ y$。此时期望效用存在有序性、独立性和连续性三条基本公理，而且这样的 u 正线性变换唯一，则称 u 为效用函数。

风险选择的期望效用理论假设决策者具有后果的概率，其效用函数的确定方法绝大部分都涉及展望形式引入的风险。Savage 扩展了风险选择理论，允许后果的主观概率和相应后果的效用函数 u 同时确定。期望效用函数也可以反应决策者的风险态度，如果效用函数为凹的、线性的和凸的，分别对应决策者偏好态度为风险厌恶、风险中立和风险追求。

测价值函数 $v(x)$ 和 von Neumann-Morgenstern 的效用函数 $u(x)$ 都是基于基数测度的，在正线性变换下是唯一的。然而可测价值函数的理论是基于偏好差异的公理，并通过以来偏好强度的问题来确定，von Neumann-Morgenstern 的效用函数是基于涉及展望的公理，并通过涉及展望比较的问题来确定。

(3) 函数分解。多属性效用理论的重点在于将偏好函数分解为简单的多维结构的条件问题，分解后函数的确定方法，以及获得关于多属性偏好函数足够的信息以便在不完全精确的情况下进行方案评价。

价值函数和效用函数的可分解形式包括加性、拟加性和乘性等形式。

2.2.3.3 群决策理论

在现实生活中，人民所面临的许多决策问题往往十分复杂，仅靠个人决策往往很难甚至不能做出合理的决策，有必要集中群体的智慧来制定决策。群决策（Group Decision Making）的概念在 1948 年由 Black 正式提出；Arrow 于 1951 年提出了"不可能定理"，成为群决策研究的经典理论，为群决策的研究奠定了里程碑。Hwang 于 1987 年将群决策分成三个部分：社会选择理论，专家判断和对策论[102]；国内岳超源将群决策按照群的利益将其分为集体决策和冲突决策。

群体是由两个或两个以上的成员组成的实体，各成员间相互依赖，并由一组规范来调整他们的行为。群决策的本质在于由决策群体依据其群体信息发挥决策群内各决策单体的偏好对决策方案做出判断排序或选择。但由于群中各决策单体的偏好各有不同，群决策所要解决的一个重要问题是：如何集结所有决策单体的偏好以形成群的偏好。进行群决策时可以构造许多不同类型的群决策模型，相应地采取不同的决策准则和方法。

群决策的过程如下图所示：

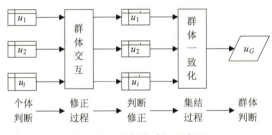

图 2-1　群决策过程示意图

2.3　总承包工程交易模式 UMADM 机制

管理领域中的机制是指一个工作系统的组织或部分之间相互作用的过程和方式，而决策机制则是指决策从开始到落实的全过程中，各要素间的相互关系、内在机能和运转方式。

2.3.1　总承包工程交易模式的 UMADM 特征

2.3.1.1　总承包工程交易模式决策问题

（1）总承包工程交易模式决策问题的描述。在我国工程总承包市场环境中，为从整体上优化欲实行总承包模式的工程的工期、质量、投资、风险、安全等因素的控制，总承包工程项目的决策分析者遵循规定的任务和需求，按照设定的决策指标和决策准则，采用合理的方法对工程总承包的三种模式（D-B、

EPC、Turnkey）进行比较，提出最适合该工程项目的交易模式评估建议。

（2）总承包工程交易模式决策的目标。一方面，通过总承包工程交易模式决策技术，提高业主进行项目前期决策的能力和水平，使其能够根据评估建议选择最合适的总承包交易模式组织实施工程项目，以达到获取最大利益的目标。

另一方面，通过提高业主进行总承包工程交易模式决策的能力和水平，促进其对工程总承包制度的知识储备，提高其选用和组织实施总承包交易模式的能力、信心和意愿，并由此带动全行业其他各参与方对工程总承包制度的重新认识并逐步构建与该制度相匹配的组织机构、核心竞争力，借此促进工程总承包制度的全面发展和建筑业行业结构的优化调整。

2.3.1.2 总承包工程交易模式决策问题的 MADM 特征

MADM（Multi Attribute Decision Making，多属性决策）是现代决策科学的一个重要组成部分，其理论和方法在投资决策、项目评估、厂址选择、招标投标决策等工作中有着广泛的应用。MADM 又称为有限方案多准则决策，其实质是在考虑多个属性或指标的情况下，利用已有的决策信息通过一定的方式对一组（有限个）备选方案进行排序并择优的决策问题。多属性决策问题一般具有如下特征[103]：

（1）备选方案：简称为方案，是决策的客体，在不同的实际问题中，方案的称谓也等同于选项、策略、行动，或者候选者。这些方案被多个相互冲突的属性所刻画。

（2）多个属性：每个问题都有多个属性。对于每个问题决策者必须产生相应的属性，属性的多少与问题的性质有关。

（3）不同量纲：每个属性使用不同的测量单位，不同的测量单位使得属性测度的数值不能直接用于属性整体的比较。

（4）属性权重：几乎所有的多属性决策问题都需要关于每个属性相对重要性的信息，这些信息通常可由决策者直接以基数或序数的形式提供。

多属性决策方法采用一定合成算法对权重和属性指标进行综合关系合成，得到决策综合效用指标或决策综合排序指标，按照一定的排序方法对各方案进行比较，从中选择出最优方案或对方案进行排序。常用的基本决策方法包括：简单线性加权法、正理想点法、负理想点法、TOPSIS 法和 AHP 法等。

总承包工程交易模式决策问题符合 MDAM 的基本特征：

（1）根据 2.1.3 小节的概念辨析与界定，符合工程总承包实质的工程交易模式有 D-B、EPC 和 Turnkey 三种类型，即总承包工程交易模式决策问题的备选方案有三个，这些方案是离散、有限数量且相互独立的。

（2）已有文献的研究表明，不同类型的工程交易模式对于项目成本目标、工期目标、质量目标会产生不同影响，但同时又受到工期、质量、投资、安全等因素的影响，这些因素既是决策的目标同时也是决策的属性，决策者需面对诸多属性进行分析判别。

2.3.1.3 总承包工程交易模式决策问题的不确定性特征

传统的 MADM 问题是确定型的，即决策信息本身是确定的、明确的。但在现实中，由于人们主观判断的局限性以及对事物认识的不充分性，往往无法给出事物的精确信息或准确的概率分布特性。如果忽略了信息的不确定性，或不能对其进行科学的处理，将不能正确认识事物的本身，更不能科学研究复杂系统问题，也就不能得到符合实际的解决问题的方法。不确定性是决策分析中普遍存在一个现象，它一般表现为两种形式：一种是事件是否发生的不确定性，即随机性；另一种是事件本身状态的不确定性，即模糊性。多属性决策过程中，如果决策信息具有不确定性或模糊性，决策属性集合中含有定性属性，或者决策者给出的偏好信息具有不完全性，即属性值或指标值因种种原因无法表示为确定的数值，决策信息不完全，这种情况下的多属性决策统称为不确定多属性决策[104]。

我国总承包工程交易模式决策问题表现出以下多重不确定性：

（1）决策问题本身的不确定性。总承包模式的实施对承包商、法律法规环境和行业管理机制等方面都有与传统 D-B-B 模式所不同的要求，而我国建筑业目前所存在的总承包企业核心能力不足、组织管理体制落后、人才结构不合理等问题使得决策问题本身即项目是否适合实施总承包模式产生了不确定性[105]；此外，业主对工程总承包模式的认可程度低、行业法律法规体系不健全等因素进一步加剧了这种不确定性[106, 107]。

（2）决策指标体系的不确定性。尽管已有文献对影响总承包工程交易模式决策的准则体系做出了较多的研究，但目前尚未有一套被认可程度较高的指标体系供决策者使用，特别的，适合于我国工程总承包市场的决策准则尚鲜有研究，这使得总承包工程业主在进行交易模式决策的时候缺乏可行的参考指标体系。

（3）属性权重的不确定性。各属性对决策问题的影响程度也大小不一，显然需要确定各属性的权重。决策者的主观判断或直觉是目前权重赋值方法中要考虑的重要因素，受到决策者的知识和经验的影响，属性权重可能存在较大的主观随意性。

（4）属性测度的不确定性。总承包工程交易模式决策过程要求决策专家需充分掌握业主的规定的任务与需求，充分掌握项目建设目标、工程特征、经济要求、法律约束、合同条件，充分掌握总承包交易模式差异，充分掌握决策指标的含义与作用；但在目前国内工程总承包模式尚未普及的情况下，决策者关于以上要求知识储备显然不足，这必然导致决策者在评估中做出的指标测度值产生不确定性。

2.3.1.4 总承包工程交易模式决策问题的 UMADM 要素

2.1.1.2 和 2.1.1.3 小节的分析表明，我国总承包工程交易模式决策问题具备多属性决策的一般特征，且在决策过程中存在诸多不确定性，因此可以纳入 UMADM 研究的范畴，可以应用 UMADM 的理论和方法对总承包工程交易模式决策问题进行研究。

UMADM 问题的决策要素在总承包工程交易模式决策问题中的具体含义：

（1）决策者。为使研究的问题通用化，本文不对工程项目投资人、代理人、业主、用户等概念作严格区分，将其统称为项目业主，并将其和决策分析者或决策专家一起称为决策者，构成群决策者集，记为 { 决策者 $_k$ } 或 $\{D_k\}$；同样，不对决策建议和最终决策两个环节做严格区分，统称为决策环节。

（2）备选方案集。总承包工程的三种交易模式集合：{D-B，EPC，Turnkey}。

（3）属性集。反映总承包工程交易模式备选方案影响因素、特征、性质的属性所构成的集合，将在第 5 章展开研究。

（4）决策规则。以满意性准则反映决策者在总承包工程交易模式属性集上偏好的规则，将于第 6 章展开研究。

表 2-2 表示了在 UMADM 环境下该决策问题的基本要素对照结果。

总承包工程交易模式决策的 UMADM 基本要素　　　表 2-2

一般 UMADM 问题要素	总承包交易模式 UMADM 要素	说明
决策者 DM	项目投资人、代理人、业主、用户	DM 与 $\{DA_k\}$ 一起称为决策者
决策分析者集 $\{DA_k\}$	{决策专家$_k$}	
备选方案集 $\{X_i\}$	{D-B，EPC，Turnkey}	
属性集 $\{u_j\}$	$\{u_j\}$	
决策规则	反映决策者在总承包工程交易模式属性上的偏好的规则	满意性规则

2.3.2　总承包工程交易模式 UMADM 概念模型

2.3.2.1　概念模型框图

基于上述总承包交易模式 UMADM 的构成要素，在传统多属性决策问题理论框架的基础上，提出总承包交易模式 UMADM 的概念模型如图 2-2 所示。

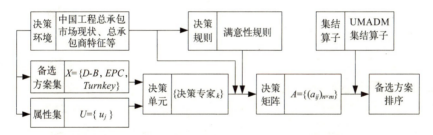

图 2-2　总承包工程交易模式 UMADM 概念模型框图

2.3.2.2　模型表达式

与图 2-2 等价的总承包交易模式 UMADM 的数学概念模型可以表示为：

$$SM\{AO[x_1(a_{1j}),\ x_2(a_{2j}),\ x_3(a_{3j})]\},\ a_{ij} \in A \tag{2-4}$$

式中　$x_i \in$ {D-B，EPC，Turnkey}（$i=1,\ 2,\ 3$）；

$a_{ij}=f(x_i,\ u_j)$ 表示方案 x_i 在属性 u_j 上的偏好函数值；

$A=[a|a_{ij}=f(x_i,\ u_j)]$（$i=1,\ 2,\ 3;j=1,\ 2,\ \cdots,\ m$）表示决策者根据决策规则针对三种备选方案在其属性集上所作出的决策评价矩阵。

AO 为方案属性判断矩阵集结方法（Aggregation Operator），SM 是对属性判断矩阵集结结果进行排序的方法（Sort Method）。式（2-4）的含义为按一定的集结方法对属性判断矩阵进行集结并对各方案比较和排序，不同的集结方法 AO 就构成了多种不同的 UMADM 方法。

2.3.2.3 模型假设

应用 UMADM 方法进行总承包工程交易模式选择的关键在于对总承包工程交易模式中不确定特性的处理。针对前文所讨论的总承包工程交易模式决策的不确定特性作出以下假设：

假设 2-1 决策问题本身是确定的：即项目业主已充分认识到当前工程总承包市场中总承包商、法律法规环境和行业管理机制等因素的实际情况，并已决定采取总承包模式进行工程交易。

假设 2-2 决策指标体系是确定的：即决策者能够根据工程实践经验、理论研究成果确定较完善合理的评价指标体系。

假设 2-3 决策指标权重或指标测度是不确定的：即承认决策者知识储备的不足及其对决策指标权重或指标测度所带来的不确定影响。

由以上假设，总承包工程交易模式 UMADM 的核心就在于对决策指标权重不确定性和决策指标测度不确定性的处理上。

2.3.3 总承包工程交易模式 UMADM 过程

决策是一个包含大量的认知、反应和判断的过程，各组成要素之间存在大量的信息流动、组合，是一个主客观信息集成的复杂过程，期间每一个步骤都会影响决策结果的质量。

2.3.3.1 典型 UMADM 过程

典型的 UMADM 过程一般包括 4 个阶段[108]：

（1）构造决策问题。这一阶段往往需要确定决策问题所面临的外部环境和所具有的内部构造，在充分考虑的基础上尽可能明确所需解决问题的总任务，并提出相应的备选方案，同时分析问题是否属于 UMADM 范畴。这一阶段对决策的质量起着至关重要的影响。

（2）分析决策可能造成的后果。通过对决策可能产生的影响与后果的分析确定度量决策优劣的属性集合。属性集合可以表现为具有层次结构关系的属性体系。这一阶段既与决策方案的特性有关，又来源于决策环境等特征的影响。

（3）确定决策者偏好。通过信息收集，确定各属性间的关系信息，构造属性权重矩阵；根据决策者对各方案的偏好，建立各属性上的偏好关系。

（4）方案比较和评价。在上述分析的基础上，通过 UMADM 集结方法根据决策准则对备选方案进行评价、排序，还可以通过灵敏性分析等方法对评价结果的稳定性进行研究。由决策者根据前面对备选方案所做的评价和排序结果选择满意的方案付诸实施。在实施过程中对于发现的问题进行分析，总结经验，并反馈到下一轮决策中。

2.3.3.2 总承包工程交易模式 UMADM 逻辑过程

总承包工程交易模式的决策应遵循 UMADM 的一般过程，是工程项目管理专业知识在典型 UMADM 过程中的应用。

总承包工程交易模式 UMADM 逻辑过程如图 2-3 所示。

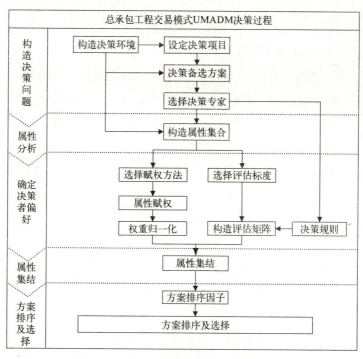

图 2-3　总承包工程交易模式 UMADM 过程

2.3.4 总承包工程交易模式 UMADM 内容

2.3.4.1 决策指标体系的构建及权重确定

合理的指标体系是进行科学决策的前提，决策者应该从系统的观点出发，在既遵循其普遍原则，又综合考虑项目业主基于自身知识储备和管理能力所决定的决策偏好、中国工程总承包市场的宏观管理现状、总承包企业经验、信誉以及法律法规环境的影响等诸多因素的基础上，采取科学的方法构建总承包工程交易模式决策问题的指标体系。

指标权重的合理性是影响备选方案排序的重要因素，但由于前文所述原因，指标权重可能存在不确定性，如何通过不确定多属性决策的原理和方法来解决指标权重的问题是总承包工程交易模式 UMADM 的核心内容之一。

2.3.4.2 指标体系评估矩阵的构建及规范化处理

这里涉及三个问题，即：

（1）决策规则的确定。决策规则是决策者构造决策评估矩阵的依据，决策者需在明确各属性指标处于 D-B、EPC 和 Turnkey 三种总承包交易模式下的变化趋势的前提下确定决策规则。

（2）决策评估值的获取与表达。决策评估值的获取主要依靠的是决策者对总承包工程交易模式的理解深度，但在目前我国工程总承包开展尚不普遍的条件下，决策者对该模式的认识与理解普遍存在不确定性，这种不确定性应该在决策评估矩阵中科学地表达出来。

（3）决策评估矩阵的规范化处理。如果指标体系中同时具有不同类别的指标，则将无法判断综合评价指标值是越大越好还是越小越好，因此决策者需要首先明确各属性指标的类别，并采取合理的方法对评估决策矩阵进行规范化处理。

2.3.4.3 决策指标体系集结方法的选择

决策指标权重的不确定性和决策评估矩阵的不确定是总承包工程交易模式决策不确定性的两个主要表现，如何选取合理的属性值集结方法对这两个不确定问题进行处理从而获得可靠的方案排序是总承包工程交易模式 UMADM 的又一个核心内容。

2.4 总承包工程交易模式 UMADM 建模机理

2.4.1 总承包工程交易模式 UMADM 属性度量工具

2.4.1.1 区间数计算法则

区间数与不确定参数之间有着天然的联系[109]，在不确定性多属性决策分析中，区间数是不确定概念的常用表现形式之一。

定理 2-1 设 $[a, b]$ 和 $[c, d]$ 为正闭区间数，$k>0$，于是有[110]：

$$\begin{cases} [a,b]+[c,d]=[a+c,b+d] \\ [a,b]\times[c,d]=[ac,bd] \\ k[a,b]=[ka,kb] \\ \dfrac{1}{[a,b]}=\left[\dfrac{1}{b},\dfrac{1}{a}\right] \\ [a,b]\div[c,d]=\left[\dfrac{a}{d},\dfrac{b}{c}\right] \end{cases}$$

2.4.1.2 均匀加性语言评估标度

常用的度量属性的标度有名义、序、区间和比例标度等。其中序数标度、区间标度和比例标度可以用来衡量数量。但上述标度均属于确定性度量工具，在不确定多属性决策研究中，语言标度是常用的属性度量工具。

对于不确定型指标的评估，决策者习惯于诸如"优、良、中、差"等语言形式做出判断[111, 112]。Bordogna、Herrera 等人据此定义了一种语言下标均为非负整数且术语个数为奇数的语言评估标度，并把它们转化为三角模糊数、梯形模糊数或语言术语与数值组成的二元模型进行计算[113, 114]；徐泽水给出了一种语言术语下标以零为中心对称且术语个数为奇数的语言评估标度，并且直接利用语言变量进行运算和分析[115]。上述两种标度的语言下标基本上是均匀的，随着语言术语下标的增大，相邻语言术语下标之间的偏差绝对值也随着增大[116]。基于此，徐泽水、戴跃强等人将以上语言评估标度进行改进，使之发展成为非均匀性积极语言评估标度和非均匀加性语言评估标度[117, 118]，但目前关于非均匀性积极语言评估标度的研究和应用尚不成熟，均匀加性语言评估标度仍是当前应用较为广泛的工具之一。

定义 2-1 称 S_1 为语言术语下标以零为中心对称且语言术语个数为奇数的均匀加性语言评估标度：

$$S_1=\{s_\alpha|\alpha=-\tau, \cdots, -1, 0, 1, \cdots, \tau\} \tag{2-5}$$

其中 s_α 表示语言术语，特别的，$s_{-\tau}$ 和 s_τ 分别表示决策者实际使用的语言术语的下限和上限，τ 为正整数，且 S_1 满足以下条件：

(1) 若 $\alpha>\beta$，则 $s_\alpha>s_\beta$；

(2) 存在负算子 $\text{neg}(s_\alpha)=s_{-\alpha}$，特别的，$\text{neg}(s_0)=s_0$。

当 $\tau=3$ 时，S_1 可取：

$S_1=\{s_{-3}=$ 极差，$s_{-2}=$ 很差，$s_{-1}=$ 差，$s_0=$ 一般，$s_1=$ 好差，$s_2=$ 很好，$s_3=$ 极好 $\}$。

为了便于计算和避免丢失决策信息，可在加性语言评估标度 S_1 的基础上定义一个拓展标度 $\bar{S}_1=\{s_\alpha|\alpha\in[-q, q]\}$，其中 q（$q>\tau$）是一个充分大的自然数。

$\bar{S}_1$ 的运算法则如下：

定义 2-2 设 s_α，$s_\beta\in\bar{S}_1$，$\lambda\in[0, 1]$ 则：

$$s_\alpha \oplus s_\beta=s_{\alpha+\beta} \tag{2-6}$$

$$\lambda s_\alpha=s_{\lambda\alpha} \tag{2-7}$$

2.4.1.3 不确定语言变量

有时决策者给出的语言评估值并不与语言术语集中的语言术语一一匹配，而是介于两个语言之间。例如当评估 D-B 模式下项目"风险控制"水平时，决策者可能会使用"介于'一般'和'好'之间"来表达。为了解决此类不确定性问题，引入不确定语言变量的概念及不确定语言变量的运算法则[111]。

定义 2-3 设 $\tilde{\mu}=[s_a, s_b]$，s_a，$s_b\in\bar{S}$，其中 s_a 和 s_b 分别是的 $\tilde{\mu}$ 下限和上限，$\bar{S}$ 是拓展的语言标度，则称 $\tilde{\mu}$ 为不确定语言变量。

定理 2-2 设 $\tilde{S}$ 是所有不确定语言变量的集合，考虑任意两个语言变量 $\tilde{\mu}=[s_a, s_b]$，$\tilde{v}=[s_c, s_d]\in\tilde{S}$，$\beta$，$\beta_1$，$\beta_2\in[0, 1]$ 其运算法则如下：

$$\begin{cases} \tilde{\mu} \oplus \tilde{v}=[s_a,\ s_b] \oplus [s_c,\ s_d]=[s_a \oplus s_c,\ s_b \oplus s_d]=[s_{a+c},\ s_{b+d}] \\ \beta\tilde{\mu}=\beta[s_a,\ s_b]=[s_{\beta a},\ s_{\beta b}] \\ \tilde{\mu} \oplus \tilde{v}=\tilde{v} \oplus \tilde{\mu} \\ \beta(\tilde{\mu} \oplus \tilde{v})=\beta\tilde{\mu} \oplus \beta\tilde{v} \\ (\beta_1+\beta_2)\tilde{\mu}=\beta_1\tilde{\mu} \oplus \beta_2\tilde{\mu} \\ \tilde{\delta} \otimes \tilde{\mu}=[\delta^L,\ \delta^U] \otimes [s_a,\ s_b]=[s_{a'},\ s_{b'}] \end{cases}$$

其中 $\tilde{\delta}=[\delta^L,\ \delta^U]$ 为任意区间数，$a'=\min\{\delta^L a,\ \delta^L b,\ \delta^U a,\ \delta^U b\}$，$b'=\max\{\delta^L a,\ \delta^L b,\ \delta^U a,\ \delta^U b\}$。

不确定语言变量是语言评估标度以区间数形式的表达。区间数、语言评估标度方法和不确定语言变量的相关理论为解决总承包工程交易模式 UMADM 的属性度量及集结问题提供了科学且规范的理论依据。

2.4.2　总承包工程交易模式 UMADM 属性集结

不确定多属性决策的本质在于通过一定的不确定性数学模型（或算法）将多个属性值集结成为一个整体性的综合评价值。可用于集结的数学方法较多，问题在于如何根据决策目的及被评价系统的特点来选择较为合适的集结方法。换言之，即在获得了 n 个备选方案的属性指标值 $\{a_{ij}\}$（$i=1,\ 2,\ \cdots,\ n$；$j=1,\ 2\cdots,\ m$）的基础上，如何选用或构造集结模型：

$$y=f(\omega,\ a) \tag{2-8}$$

式中，$\omega=(\omega_1,\ \omega_2,\ \cdots,\ \omega_m)^T$ 为属性权重向量，$a=(a_1,\ a_2,\ \cdots,\ a_m)^T$ 为各备选方案的状态向量。

由式（2-8）可求出各备选方案的综合评价值 $y_i=f(\omega,a_i)$，$a_i=(a_{i1},a_{i2},\cdots,a_{im})^T$ 为第 i 个备选方案的属性评价向量（$i=1,\ 2,\ \cdots,\ n$），并根据 y_i 的大小将 n 个备选方案进行排序。式（2-8）涉及三个决策要素：属性值、属性权重和集结算子，属性的度量问题已于上一节进行了研究，本节针对属性权重和集结算子做出讨论。

2.4.2.1　属性权重

目前确定属性权重的方法大致可分为三类：主观权重、客观权重和组合权重。

(1) 主观权重　主观权重的大小反映的是决策方案的某个属性在决策者心中的重要程度。其主要来源于决策者的主观偏好，而与属性指标值的分布特点无关。常用的方法有层次分析法、最小平方法和 Delphi 法、模糊判别矩阵赋权法等。

层次分析法（AHP）是应用最为广泛的主观赋权的方法之一。高杰等提出了利用数学规划和约束锥的方法，对层次分析法权重向量进行区间估计的理论和模型，把决策者的偏好信息视为一种约束，该非传统模型所确定的权重向量可以更好地反映出决策者的偏好和决策过程中的不确定性，具有较好的鲁棒性[119]。方法如下：

使用 AHP 方法，进行两两比较，建立 9 标度互反判断矩阵：$A_n=(a_{ij})_{n \times n}$，其中 $a_{ij}>0$，$a_{ii}=1$，$a_{ij}=1/a_{ji}$，$(i,j=1,2,\cdots,n)$，再按 AHP 方法对判断矩阵进行一致性检验，一般取 $CR<0.1$ 时认为矩阵的一致性可以接受。

设 $\lambda_{\max}$ 为判断矩阵 A_n 的最大特征值，那么对于判断矩阵 A_n 的一个可接受权重矩阵 $W=(\omega_1,\omega_2,\cdots,\omega_n)^T$，应满足 $(a_{i1},\cdots,a_{in}) \times W \leqslant \lambda_{\max} \omega_i$ 对于任意 $i=1,\cdots,n$ 成立，即：$A_n W \leqslant \lambda_{\max} W$。

令：$\bar{A}_n = A_n - \lambda_{\max} E_n$，其中 E_n 为 n 阶单位矩阵。进一步构成多面闭凸锥：$\bar{A}_n W \leqslant \lambda_{\max} W$，$W=(\omega_1,\omega_2,\cdots,\omega_n) \geqslant 0$，又根据层次分析法的归一化原则形成约束 $\omega_1+\omega_2+\cdots+\omega_n=1$，因此权重 ω_i 的区间估计上限和区间估计下限问题转化为下面的线性规划的最大和最小值优化问题：

$$\max（或\min）\omega_i \qquad (2\text{-}9)$$

$$s.t \begin{cases} \bar{A}_n W \leqslant 0 \\ W=(\omega_1,\omega_2,\cdots,\omega_n)^T \\ \omega_1+\omega_2+\cdots+\omega_n=1 \end{cases}$$

上式中最小化优化 ω_i 得到的值 $\omega_{i\min}$ 可视为 ω_i 的区间估计的下限（ω_{iL}），最大化优化 ω_i 得到的值 $\omega_{i\max}$ 可视为 ω_i 的区间估计的上限（ω_{iU}）。

(2) 客观权重　客观权重指标值的大小与决策者的主观偏好无关，所反映的是决策方案属性指标的客观分布特点。客观权重又根据其所反映的决策方案属性指标值分布特点的不同分为三种：第一种是反映决策方案各属性指标在决策过程中的作用大小的客观权重，即为决策提供信息的多少，某属性指标的客观分布在决策过程中起的作用越大，提供的信息越多，其客观权重就越大。这种客观权重的确定方法有离差法、平方差法、变异系数赋权法、熵权法等。第二种是基于预测理论和方法的客观权重，即根据已有的方案的属性指标值和各方案的评价结果，利用预测理论推导出其评价时使用的权重指标值的大小。这种客观权重的常用方法有神经网络赋权法、回归分析赋权法等。第三种是当决策方案各属性之间存在相关关系时，为了消除这种关系，避免属性指标重复计算而确定的客观权重。这种权重的方法常用的有相关系数赋权法、主成分分析法、因子分析法等基于统计原理的赋权法。

按属性指标位置进行加权是客观权重的一种重要方法，按位置加权的方法很多，而语义方式的设置方法较为常用，即

$$\omega_i = Q\left(\frac{i}{m}\right) - Q\left(\frac{i-1}{m}\right), \quad i=1, 2, \cdots, m \tag{2-10}$$

上式中，模糊量化算子

$$Q(r) = \begin{cases} 0, & r < \alpha \\ \dfrac{r-\alpha}{\beta-\alpha}, & \alpha \leqslant r \leqslant \beta \\ 1, & r > \beta \end{cases} \tag{2-11}$$

式中，要求 $\alpha, \beta, r \in [0,1]$，而当语义量词分别为"大多数"、"至少一半"和"尽可能多"的情形时对应的参数 (α, β) 取值为 $(0.3, 0.8), (0, 0.5), (0.5, 1)$ [120]（图2-4）。

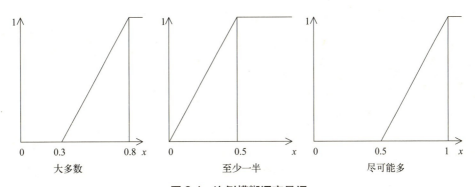

图2-4 比例模糊语言量词

文献[115]定义了另一种按位置赋权的方法：

$$\omega_i = \begin{cases} \dfrac{1-(\alpha+\beta)}{n}+\alpha, & i=1 \\ \dfrac{1-(\alpha+\beta)}{n}, & 2 \leqslant i \leqslant n-1 \\ \dfrac{1-(\alpha+\beta)}{n}+\beta, & i=n \end{cases} \qquad (2\text{-}12)$$

式中，要求 $\alpha, \beta \in [0,1]$，且 $\alpha+\beta \leqslant 1$。

(3) 组合权重　运用主观赋权法确定权重，虽然反映了决策者的主观判断或直觉，但是方案的排序也可能受到决策者的知识和经验的影响而具有很大的主观随意性。而运用客观赋权法确定权重，虽然通常利用完善的数学理论，但忽视了决策者的主观信息，而此信息对于管理的决策问题而言，有时是非常重要的。由于两种方法各有长处和短处，所以将二者结合起来可以同时体现主观信息和客观信息。特别是第一种和第三种客观权重，由于它们只反映了属性为多属性决策问题提供信息的多少，或属性之间的相关关系，而不反映属性在决策者心目中的重要程度，因此一般不单独使用，常常与主观权重相结合形成组合权重。

所谓组合权重就是将多种方法获得的权重按照一定的规则综合在一起而形成的综合性的权重，这类权重一般具有主观权重和客观权重的综合特点，既反映了决策者的主观偏好又反映了权重的客观分布特征。

2.4.2.2　集结算子

如果存在函数 $M^{(n)}: E^n \to F, n \in R, R$ 为实数集，则称 $M^{(n)}$ 为集结算子[121]。集结算子的作用在于把多个属性评价决策矩阵合成为一个整体性综合评价值以便排序。不确定型集结算子的变量是不确定的数学变量，或者能转化为不确定数学变量的语言变量。WWA 算子和 OWA 算子等传统集结算子对经典决策理论起了关键作用，也是诸多不确定集结算子的起源。

定义 2-4　设 $WAA: R^n \to R$，若

$$WWA_\omega(a_1, a_2, \cdots, a_n) = \sum_{j=1}^{n} \omega_j a_j \qquad (2\text{-}13)$$

其中 $\omega = (\omega_1, \omega_2, \cdots, \omega_n)$ 是一组数据 $(a_1, a_2, \cdots, a_n)$ 的加权向量，$\omega_j \in [0, 1], j \in N, \sum_{j=1}^{n} \omega_j = 1, R$ 为实数集，则称函数 WWA 是加权算数平均算子，也称为 WWA 算子[122]。

该算子的特点是，只对数据组 $(a_1, a_2, \cdots, a_n)$ 中的每个数据进行加权，然后对加权后的数据进行集结。

定义 2-5 设 $OWA: R^n \to R$，若

$$OWA_\omega(a_1, a_2, \cdots, a_n) = \sum_{j=1}^{n} \omega_j b_j \tag{2-14}$$

其中 $\omega = (\omega_1, \omega_2, \cdots, \omega_n)$ 是与函数 OWA 相关联的加权向量，$\omega_j \in [0, 1]$，$j \in N$，$\sum_{j=1}^{n} \omega_j = 1$，且 b_j 是一组数据 $(a_1, a_2, \cdots, a_n)$ 中第 j 大的元素，R 为实数集，则称函数 OWA 是有序加权平均算子，也称为 OWA 算子[122]。

该算子的特点是，对数据组 $(a_1, a_2, \cdots, a_n)$ 中的每个数据按从大到小的顺序重新排列并通过加权集结，其权重 ω_i 与元素 a_i 没有关系，只与集结过程中的第 i 个位置有关。因此，该加权向量也叫做位置向量。

2.5 总承包交易模式 UMADM 方案排序机理

若总承包交易模式决策问题的属性权重和属性测度至少有一个以区间数形式表达，则利用集结算子对三种备选方案 {D-B，EPC，Turnkey} 进行属性集结的结果也必然为区间数，因此总承包交易模式 UMADM 就转化为区间数的排序问题。区间数多属性决策中的方案排序方法有基于风险态度因子的排序方法、基于乐观或悲观效用值的排序方法以及基于可能度的区间数排序方法。前两种方法的前提是决策者能给出承担风险的态度，而后一种方法则无此要求。

2.5.1 区间数的优势关系

设两个区间数分别为 $\tilde{a} = [a^L, a^U]$ 和 $\tilde{b} = [b^L, b^U]$，不失一般性，总是假设 $a^U \geq b^U$。$\tilde{a}$ 和 $\tilde{b}$ 在实数轴上的位置可能有三种情况，如图 2-5 所示。

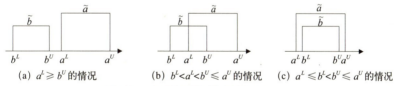

(a) $a^L \geq b^U$ 的情况　　(b) $b^L < a^L < b^U \leq a^U$ 的情况　　(c) $a^L \leq b^L < b^U \leq a^U$ 的情况

图 2-5　$\tilde{a}$ 和 $\tilde{b}$ 在实数轴上的位置

定义 2-6 设二区间数 $\tilde{a}=[a^L, a^U]$ 和 $\tilde{b}=[b^L, b^U]$，当 $a^L=b^L$，$a^U=b^U$ 时，称 $\tilde{a}$ 和 $\tilde{b}$ 相等，并记为 $\tilde{a}=\tilde{b}$；否则，其中一个区间数（例如 $\tilde{a}$）的端点坐标中至少一个不小于另一个区间数（例如 $\tilde{b}$）的两个坐标时，称 $\tilde{a}$ 的势优于 $\tilde{b}$ 的势，记为 $\tilde{a}>\tilde{b}$。

2.5.2 区间数比较方法

定义 2-7 当 $\tilde{a}$ 和 $\tilde{b}$ 同时为区间数或有一个为区间数时，设 $\tilde{a}=[a^L, a^U]$ 和 $\tilde{b}=[b^L, b^U]$，且记 $l_{\tilde{a}}=a^U-a^L$，$l_{\tilde{b}}=b^U-b^L$，则称

$$p(\tilde{a} \geq \tilde{b}) = \frac{\min\{l_{\tilde{a}}+l_{\tilde{b}}, \max(a^U-b^L, 0)\}}{l_{\tilde{a}}+l_{\tilde{b}}} \tag{2-15}$$

为 $\tilde{a} \geq \tilde{b}$ 的可能度[123]。

定义 2-8 与式（2-15）等价的

$$p(\tilde{a} \geq \tilde{b}) = \min\left\{\max\left(\frac{a^U-b^L}{l_{\tilde{a}}+l_{\tilde{b}}}, 0\right), 1\right\} \tag{2-16}$$

也称为 $\tilde{a} \geq \tilde{b}$ 的可能度[124]。

定理 2-3 设 $\tilde{a}=[a^L, a^U]$，$\tilde{b}=[b^L, b^U]$，则：

(1) $0 \leq p(\tilde{a} \geq \tilde{b}) \leq 1$；

(2) $p(\tilde{a} \geq \tilde{b})=1$ 当且仅当 $b^U \leq a^L$；

(3) $p(\tilde{a} \geq \tilde{b})=0$ 当且仅当 $a^U \leq b^L$；

(4) $p(\tilde{a} \geq \tilde{b})+p(\tilde{b} \geq \tilde{a})=1$，特别的，$p(\tilde{a} \geq \tilde{a})=\frac{1}{2}$；

(5) $p(\tilde{a} \geq \tilde{b}) \geq \frac{1}{2}$ 当且仅当 $a^U+a^L \geq b^U+b^L$，特别的，$p(\tilde{a} \geq \tilde{b}) \geq \frac{1}{2}$ 当且仅当 $a^U+a^L=b^U+b^L$；

(6) 对于 3 个区间数 $\tilde{a}$，$\tilde{b}$，$\tilde{c}$，若 $p(\tilde{a} \geq \tilde{b}) \geq \frac{1}{2}$ 且 $p(\tilde{b} \geq \tilde{c}) \geq \frac{1}{2}$，则 $p(\tilde{a} \geq \tilde{c}) \geq \frac{1}{2}$[123]。

2.5.3 基于可能度的区间数排序机理

对于给定的总承包工程交易模式 UMADM 属性度量区间数 $\tilde{a}_i=[a_i^L, a_i^U]$，

$i \in N$,把它们进行两两比较。利用上述(2-15)或(2-16)可能度公式计算相应的可能度 $p(\tilde{a}_i \geqslant \tilde{a}_j)$,简记为 p_{ij},$i,j \in N$,并建立可能度矩阵 $P=(p_{ij})_{n \times m}$,该矩阵包含了决策者对三种总承包交易模式比较的全部可能度信息。因此对总承包工程交易模式 UMADM 属性度量区间数的排序问题就转化为求解可能度矩阵的排序向量的问题。

定义 2-9 称 $v=(v_1, v_2, \cdots, v_n)$ 为可能度矩阵 P 的排序向量,其中

$$v_i = \frac{1}{n(n-1)}\left(\sum_{j=1}^{n} p_{ij} + \frac{n}{2} - 1\right), \quad i \in N \tag{2-17}$$

利用 $v_i(i \in N)$ 实现对区间数 $\tilde{a}_i(i \in N)$ 的排序,若 $v_h > v_l(h, l \in N)$,则方案 $h \succ$ 方案 $l^{[123]}$。

2.6 本章小结

本章分析了总承包工程交易模式决策的不确定性特征,确立了以不确定多属性理论对总承包工程交易模式决策进行研究的理论依据;分析了总承包交易模式 UMADM 决策的机制,建立了该决策问题的概念模型,分析了其决策过程,界定了其主要决策内容;通过对总承包交易模式 UMADM 决策的建模机理的分析,设定了该决策属性度量的工具、指标体系预处理的方法,介绍了不确定多属性决策模型属性集结的基础算子;通过对方案排序机理的分析,把基于可能度的区间数排序方法引入到总承包交易模式 UMADM 决策问题中。

第 3 章

总承包工程交易模式决策现状调查分析

3.1 调查设计与实施

3.1.1 调查背景与目的

工程交易模式本质上代表不同的项目管理模式，直接影响着项目实施的经济效果，因此各国政府、国际机构和私营机构对工程项目的工程交易模式不断地进行研究、创新和完善。工程总承包交易模式在工程建设中的应用越来越普遍，从已有研究文献所提供的案例来看，总承包交易模式已经几乎覆盖了机械、冶金、石油化工、电力、铁道、住宅、公共建筑、市政、纺织、军工、港口等所有行业的工程项目。

按照建设部（现住房和城乡建设部）建筑市场管理司的调查，至2006年11月，我国实施总承包模式的项目仅占国内工程承包市场的10%左右。考虑到受样本容量的限制，因此本次调查并不试图改变建设部的调查结论，而是以该结论作为本次调查的背景，就总承包工程交易模式的分布情况及其与项目行业、招投标模式、项目投资额以及建设期限等因素间的关系展开调查与分析。

本文的主要内容是针对我国建筑业总承包工程开展交易模式决策方法的研究，因此本次调查的对象是在我国境内实施的总承包工程项目，目的是通过采集当前我国建筑业总承包工程的相关数据，以探寻工程项目交易模式选择过程中业主方可能存在的决策倾向以及可能对业主方决策产生影响的政策性、心理性、项目属性等方面的因素。

3.1.2 调查问卷设计

调查问卷的具体形式见附录1。具体包括如下两个部分：

（1）对问卷应答者的基本信息的调查，如工作单位的性质、企业资质、注册地点、应答者联系方式等。

（2）对总承包工程相关信息的调查，如项目名称、项目所在地、项目所属行业、招标方式、总承包模式、投资额、投资性质、项目建设周期以及甲方提供的设计程度等。

3.1.3 调查的实施

3.1.3.1 调查方法

本文采取了三类方法进行数据调查：

(1) 问卷调查方法。通过参加住房和城乡建设部政策研究中心于 2009 年举办的"设计—建造和 EPC 交钥匙工程项目管理实战型业务研修班"的机会，分别在北京和广州会场对研修班学员进行现场问卷调查。

(2) 重点机构面谈访问法。在广州市工程总承包有限公司、北京市建设工程发包承包交易中心、广州市建筑工程交易中心、广州市建设局等企业或政府机构，依照调查提纲对相关专业人士进行直接访问。一方面采集以上机构直接从事或保存的总承包工程的相关数据，另一方面委托以上机构依靠其业内工作关系协助采集其他企业所从事的总承包工程的相关数据。

(3) 网络调查法。一方面利用 E-mail 向国内熟知的建筑业从业人员发放调查问卷，采集其直接从事的总承包工程的相关数据；另一方面通过网络搜索引擎在互联网上查找相关总承包工程信息。

实质上，以上方法在调查工作开展以及数据预处理过程中并不是单一进行的，往往相互补充。

3.1.3.2 调查数据存在的问题

本次调查共收集了 223 个工程项目的资料（含不同应答者提供的相同项目），但经过初步分析，发现收集到的项目信息主要存在以下问题：

(1) 部分问卷应答者填写的工程项目信息不全面或不准确。

(2) 部分由不同应答者提供的同一工程项目信息存在矛盾之处。

(3) 部分应答者提供的工程项目并不属于总承包的范畴。

3.1.3.3 调查数据预处理措施

为了保证数据的真实性与可靠性，本文针对以上问题采取了以下处理措施：

(1) 通过电话访问或 E-mail 沟通的方式对某些数据进行确认或补充。

(2) 通过搜索引擎在互联网上查找部分项目的中标公告，如果应答者提供的数据与公告的信息不一致，则以公告的信息为准。

(3) 对于多于两个不同应答者提供的同一项目的不一致信息，以多数应答者的一致信息为准；同时对于在搜索引擎中能够查找到并且发布了中标公告的项目信息，则以公告信息为准。

(4) 剔除非总承包模式或项目信息缺失较多的工程项目。

经过以上处理，本次调查选择了 160 个实施总承包交易模式的工程项目的资料作为分析样本。样本调查途径来源如图 3-1 所示；建设区域来源较广泛，涉及全国 31 个省（市、自治区），如图 3-2 所示。

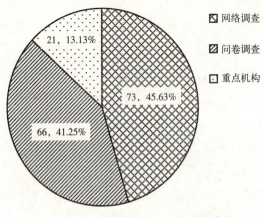

图 3-1　总承包工程样本调查途径来源

3.2　工程总承包交易模式决策相关因素调查分析

3.2.1　总承包工程项目行业分布

调查样本遍及房屋建筑、能源化工、石油化工、水利工程等 10 多个行业。图 3-3 表明，在调查样本中，47.5% 的总承包项目来自于石油、天然气、电力等能源化工部门，包括能源和材料在一起的化工领域的项目数量达到总样本的 50%；从样本整体来看，以生产工艺流程设计和大中型设备采购安装为主导工程内容的能源化工、冶金矿产、机械电子电器和材料化工类项目是当前实施工程总承包模式的主要项目类型。当不计 PC 类项目时，房屋建筑类和市政环保类总承包项目分别以 8.1% 和 7.5% 的比率排列在此次调查样本的第二和第三位，说明总承包交易模式在这两个行业也越来越普及。

第3章 总承包工程交易模式决策现状调查分析

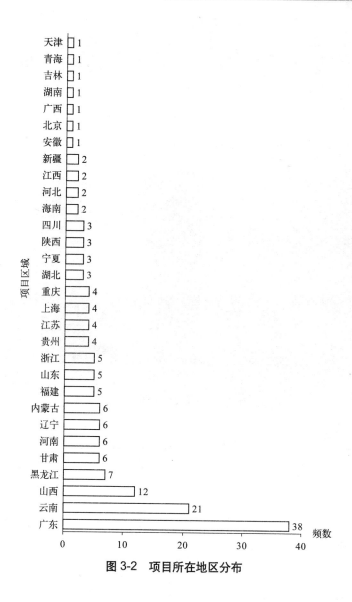

图 3-2 项目所在地区分布

3.2.2 总承包工程交易模式分布

在 160 个样本中，EPC 项目 97 个，占总样本的 60.62%，实施比率最高；Turnkey 项目 26 个，占 16.25%；D-B 项目 24 个，占 15%；另有 PC 项目 13 个，约占 8%（图 3-3），三种总承包交易模式在不同行业均有不同程度的采用（图 3-4）。但在能源化工、市政环保、冶金矿产、机械电子和水利工程等领域中

57

实施 EPC 和 Turnkey 交易模式比率较高，而 D-B 模式则在房屋建筑和交通运输行业得到广泛应用（表 3-1，图 3-4）。这主要是由于房屋建筑和交通运输类项目的设备采购安装工作量相对较小的缘故。

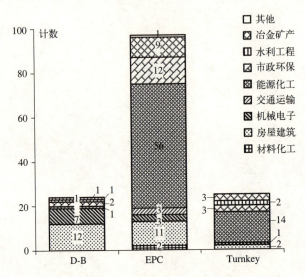

图 3-3　总承包工程交易模式分布（忽略 PC 类项目）

各行业不同项目总承包交易模式比率（%）（未统计 PC 类项目）　表 3-1

项目所属行业	D-B	EPC	Turnkey
材料化工	—	1.25	—
房屋建筑	7.50	6.88	1.25
机械电子	—	1.88	0.63
交通运输	4.38	1.88	0.63
能源化工	0.63	35.00	8.75
市政环保	1.25	7.50	—
冶金矿产	0.63	5.63	1.88
水利工程	0.63	—	1.25
其他		0.63	
合计	15.02	60.65	14.39

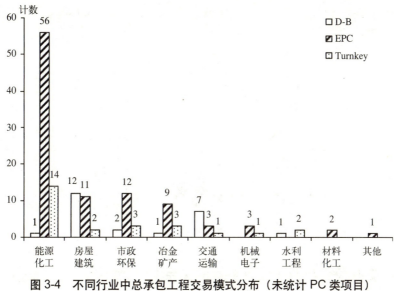

图 3-4 不同行业中总承包工程交易模式分布（未统计 PC 类项目）

3.2.3 总承包工程交易模式与招标方式的关系

采用公开招标、协议招标和邀请招标方式的总承包项目数量分别占总样本容量的 84.4%、8.2% 和 7.5%（图 3-5）。12 例采取协议招标的样本中，8 例来自于能源化工领域，3 例来自于房屋建筑领域，1 例来自于市政环保领域。无投资额缺失值的 6 例样本中，除来自房屋建设领域的 1 个样本以外，其余 5 例均属"大型基础设施、公用事业等关系社会公共利益、公众安全的项目"；投资额最小的为 380 万元的房屋建筑领域的项目，最大的为 6 亿元的能源化工领域的项目；而根据国家《招标投标法》以及《工程建设项目招标范围和规模标准规定》，这 5 个样本均属应采取公开招标或邀请招标行列。以上现象尽管反映出目前我国建设项目招标领域仍然存在一定程度的不规范操作，但另一方面，投资额高达 6 亿元的项目也采取协议招标方式的案例也反映出目前我国关于招标投标的规定可能存在着不适应工程总承包制度的现实，我国法律法规完善程度对总承包制度的发展存在一定的制约作用。

但总体来说，竞争性招标方式占据 160 个样本的绝对优势。这说明，我国自实施《招标投标法》近十年以来，绝大多数工程项目起码在形式上能够较严格地遵循国家和地方的法律法规的相关规定，工程项目交易过程逐步趋于规范。

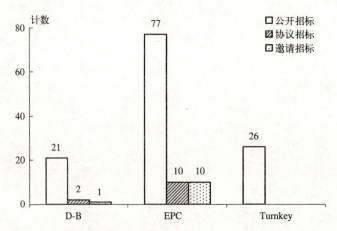

图 3-5 不同总承包交易模式的招标方式分布（未统计 PC 类项目）

3.2.4 交易模式与业主设计深度的关系

在 160 个调查样本中，以"初步设计"和"扩初设计"作为招标资料的不足 30%，以"部分施工图设计"作为招标资料的仅占 1.9%，而超过 70% 的总承包项目在招标时仅提供"可研报告"、"项目需求"、"概念设计"、"设计规划"和"方案设计"等设计程度较浅的资料（表3-2），绝大部分项目样本要求总承包企业从较早期开始项目设计。这说明工程总承包在我国的发展已经取得了一定的效果，部分项目决策者通过总承包实践已经体会了设计和施工并行开展的优越性，较深刻地理解了总承包机制"设计—施工一体化"的本质。

业 主 设 计 程 度　　　　表 3-2

设计阶段	频率	百分比	有效百分比	累计百分比
项目需求	45	28.1	28.1	28.1
初步设计	38	23.8	23.8	51.9
设计规划	36	22.5	22.5	74.4
可研报告	20	12.5	12.5	86.9
概念设计	10	6.3	6.3	93.1
扩初设计	6	3.8	3.8	96.9
部分施工图	3	1.9	1.9	98.8
方案设计	2	1.3	1.3	100.0
合计	160	100.0	100.0	

但进一步的分析发现，我国项目业主在总承包实践中仍然表现出较强烈的参与项目设计的愿望。如在 EPC 和 Turnkey 两种总承包程度较广泛的交易模式中，有 31 个项目在总承包招标之前由业主组织完成了初步设计或扩初设计（图 3-6），占实施 EPC 和 Turnkey 类项目样本的 25.2%。

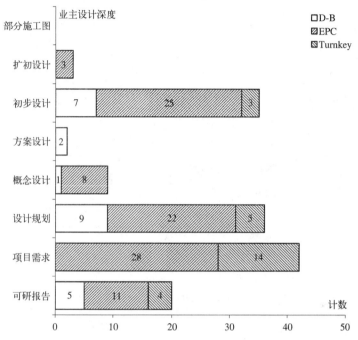

图 3-6　各总承包交易模式在不同设计阶段中的分布（未统计 PC 类项目）

另外，160 个总承包项目样本中，未发现任何一例有承包商参与决策阶段的项目实例。其原因既可能在于我国项目决策者惯性的管理思维，也可能在于我国总承包商的项目决策能力和经验尚未发展到足够替代业主决策的程度而让业主感觉难委重任，另外，我国目前对项目报建、招标备案等管理环节规定的限制也是造成我国项目业主普遍存在较高的设计参与偏好的重要原因。

3.2.5　交易模式与项目投资额及工程项目期限的关系

3.2.5.1　参数检验

分别针对 D-B、EPC、Turnkey 进行关于投资额和建设期限的参数检验，结果见表 3-3、表 3-4。

独立样本检验（投资额）　　　　　　　　表 3-3

投资额			A①		B②		C③	
			假设方差相等	假设方差不相等	假设方差相等	假设方差不相等	假设方差相等	假设方差不相等
方差方程的 Levene 检验		F	5.237		35.705		8.829	
		Sig	0.026		0.000		0.005	
均值方程的 t 检验	t		-1.373	-1.936	-3.249	-2.64	-2.454	-1.885
	df		53	40.063	28	11.143	47	13.514
	Sig.(双侧)		0.175	0.06	0.003	0.023	0.018	0.081
	均值差值		-28148.9	-28148.9	-112636	-112636	-84487.3	-84487.3
	标准误差值		20498.13	14542.69	34670.18	42665.44	34428.53	44814.63
	差分的 95% 置信区间	下限	-69262.9	-57539.3	-183655	-206395	-153749	-180931
		上限	12965.17	1241.547	-41617.5	-18876.9	-15226	11956.15

① A 表示 D-B 与 EPC 的投资额均值比较的参数检验；
② B 表示 D-B 与 Turnkey 的投资额均值比较的参数检验；
③ C 表示 EPC 与 Turnkey 的投资额均值比较的参数检验。

独立样本检验（项目期限）　　　　　　　表 3-4

建设期限			A①		B②		C③	
			假设方差相等	假设方差不相等	假设方差相等	假设方差不相等	假设方差相等	假设方差不相等
方差方程的 Levene 检验		F	2.968		7.052		0.037	
		Sig	0.089		0.012		0.848	
均值方程的 t 检验	t		-1.561	-2.117	-1.856	-1.782	-0.252	-0.274
	df		77	58.961	33	23.812	74	26.568
	Sig.(双侧)		0.123	0.039	0.072	0.088	0.801	0.786
	均值差值		-5.408	-5.408	-6.408	-6.408	-1	-1
	标准误差值		3.465	2.555	3.452	3.596	3.961	3.654
	差分的 95% 置信区间	下限	-12.308	-10.52	-13.431	-13.833	-8.893	-8.503
		上限	1.492	-0.295	0.615	1.018	6.893	6.503

① A 表示 D-B 与 EPC 的建设期限均值比较的参数检验；
② B 表示 D-B 与 Turnkey 的建设期限均值比较的参数检验；
③ C 表示 EPC 与 Turnkey 的建设期限均值比较的参数检验。

由表 3-3 中的 F 检验可知，F 统计量的观测值为 5.237，对应的概率 P 值为 0.026，小于 0.05，可以认为 D-B 与 EPC 两种模式总体的投资额的方差在 0.05 的显著性水平下有显著差异；而又由 t 检验结果，假设方差不相等时，t 统计量的观测值为 −1.936，对应的概率 P 值为 0.060，小于 0.10，可以认为 D-B 与 EPC 两种模式的投资额均值在 0.10 的显著性水平下有显著差异，即 EPC 模式投资额均值大于 D-B 模式投资额均值。

按同理分析，可以认为 D-B 与 Turnkey 两种模式总体的投资额的方差在 0.01 的显著性水平下有显著差异，D-B 与 Turnkey 两种模式的投资额均值在 0.05 的显著性水平下有显著差异，即 Turnkey 模式投资额均值大于 D-B 模式投资额均值；EPC 与 Turnkey 两种模式总体的投资额的方差在 0.01 的显著性水平下有显著差异，投资额均值在 0.10 的显著性水平下有显著差异，即 Turnkey 模式投资额均值大于 EPC 模式投资额均值。

总之，Turnkey 的投资额均值 > EPC 的投资额均值 > D-B 的投资额均值，这至少在 0.10 的显著性水平下可以认为是成立的。

由表 3-4 中的 F 检验可知，D-B 与 EPC 两种模式总体的工期的方差在 0.10 的显著性水平下有显著差异，两种模式的工期均值在 0.05 的显著性水平下有显著差异，即 EPC 模式工期均值大于 D-B 模式工期均值；D-B 与 Turnkey 两种模式总体的工期的方差在 0.05 的显著性水平下有显著差异，两种模式的工期均值在 0.10 的显著性水平下有显著差异，即 Turnkey 模式工期均值大于 D-B 模式工期均值。

但对于 EPC 与 Turnkey 的建设期限均值而言，F 统计量的观测值为 0.037，对应的概率 P 值为 0.848，可以认为 EPC 与 Turnkey 两种模式总体的工期的方差没有显著差异；而又由 t 检验结果，假设方差相等时，t 统计量的观测值为 −0.252，对应的概率 P 值为 0.801，可以认为 EPC 与 Turnkey 两种模式的工期均值没有显著差异。

3.2.5.2　两步聚类分析

为了进一步分析总承包项目交易模式在项目投资额和项目期限两个指标上的特征，采用两步聚类法（Two Step Cluster Analysis）对样本进行归类分析。以总承包模式作为离散变量，以项目投资额和项目期限作为连续变量，由于该类变量间取值差异较大,因此将这两个指标放入"To be Standardized"框中对其进行标准化处理。最大聚类数设定为 10 类;正式聚类过程采用 BIC 标准(Bayes 信息准则),BIC 越小,说明聚类效果越好;两步聚类法会根据 BIC 的大小以及类间最短距离的变化情况来确定最优的聚类类别数。SPSS 的部分运行结果见表 3-5 ~表 3-7 以及图 3-7。

自动聚类   表 3-5

聚类数	Schwarz 的 Bayesian 准则(BIC)	BIC 变化①	BIC 变化的比率②	距离度量的比率③
1	290.571			
2	228.778	−61.793	1.000	1.430
3	194.484	−34.294	0.555	1.946
4	191.273	−3.211	0.052	1.212
5	193.810	2.537	−0.041	3.009
6	214.441	20.631	−0.334	1.141
7	236.184	21.744	−0.352	1.167
8	259.056	22.871	−0.370	1.410
9	283.895	24.840	−0.402	1.776

① 变化是相对于表中先前的聚类个数而言;
② 变化的比率与两个聚类解的变化相关;
③ 距离度量的比率以当前聚类的个数为基础而不是先前的聚类个数为基础。

聚类分布   表 3-6

聚类	N	组合(%)	总计(%)
1	20	29.0	12.5
2	17	24.6	10.6
3	32	46.4	20.0
组合	69	100.0	43.1
已排除的案例	91	—	56.9
总计	160	—	100.0

表 3-7　　质　心

聚类	投资额（万元）		建设期限（月）	
	均值	标准差	均值	标准差
1	123077.55	153805.435	21.75	15.525
2	13206.65	14699.949	10.76	8.012
3	17638.56	20720.941	14.00	7.410
组合	47108.67	96176.120	15.45	11.209

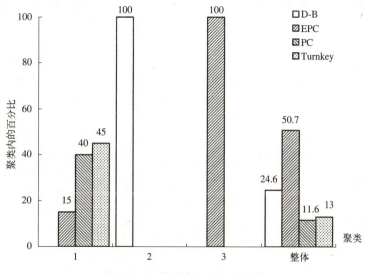

图 3-7　各类别中变量变化比较

由表 3-5 可以看出，样本聚为 5 类时 BIC 值最小，但在 3 类、4 类和 5 类时 BIC 的下降趋势不太明显，因此可以认为聚为 3-5 类都是可以考虑的选择范围；而距离度量的比率共有 2 个高峰，分别对应 3 类和 5 类。由于两步聚类法的第二部采用的是层次聚类法，这些结果是嵌套的关系，因此这就意味着在 3 类的基础上再拆分开两个新类相比之下其实差别很小，意义不大。SPSS 自动将其聚为 3 类（表 3-6），其中第一类含样本 20 个，第二类含 17 个，第三类含 32 个。

在表 3-7 所示的质心特征上，三个类别的投资额和工程项目期限指标均值均表现出相同的变化规律，即第一类的两个指标均值均为最大，第三类次之，第二类的两个指标的均值均为最小。第一类和其他两类相比，两个指标在数量上差异相当明显，其中项目期限的均值约达到其他两类的2倍，而投资额的均值则是其他两类的7倍或10倍；相比之下，尽管第三聚类在这两个指标的均值上均略高于第二类，但差别程度较小。

从所包含的总承包交易模式种类来看，第一类以Turnkey和EPC模式为主，含少量PC模式，未包含D-B模式；而第二类全部为D-B模式；第三类则全部为EPC模式（图3-7）。由此可见，在总承包实践中，业主关于采用何种总承包交易模式的选择存在关于项目投资额和建设期限的不同偏好。

为了验证这个设想，针对总承包工程的三种交易模式分别制作关于项目投资额和项目期限的箱形图做进一步分析（图3-8、图3-9，未考虑PC模式）。

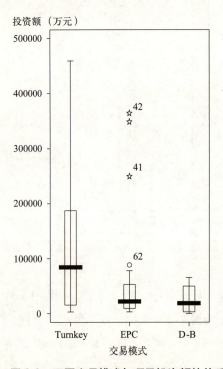

图3-8　不同交易模式与项目投资额的关系　　图3-9　不同交易模式与项目期限的关系

图3-8表明，采用D-B和EPC模式的工程项目，其项目投资额不论在中位数还是在变动幅度上都没有很明显的差异，但EPC模式项目投资额的最小极端值均略高于D-B模式项目；对于Turnkey模式而言，其最小极端值和下四分位数值与EPC和D-B模式相差无几，但其中位数、上四分位数值远远超

过另外两种模式。以上分析说明，在工程总承包实践中，当项目投资额项目期限较小时，决策者选用何种总承包交易模式的态度差异不大；但当项目投资额较大时，决策者更偏向于采取 Turnkey 交易模式；另外，EPC 模式下三个异常样本的投资额远远超过其最大极值的事实也说明，对于投资额较大的项目，EPC 也是决策者考虑实施的有效交易模式之一。

而对于项目建设期限而言，Turnkey 类项目除最小极值略高于 EPC 类项目以外，其最大极值、上下四分位数值及变化幅度均与 EPC 类项目没有明显差异；二者的最小极值与 D-B 类项目也不存在明显差异，但二者的上下四分位数值均明显高于 D-B 类项目。这说明在建设期限较短的时候，业主尽管存在选择 D-B 模式的倾向，但在对待三种总承包交易模式的态度上差异并不明显；但当建设期限较长的时候，业主明显倾向于选择 Turnkey 或 EPC 项目，而且未在这两类交易模式中表现出明显的偏好差异。

根据图 3-8 和图 3-9 所做出的结论存在一定程度的相似性，这是符合工程实践逻辑的。一般来讲，项目建设期限对项目投资额存在依存的关系，项目投资越大，相应的建设期限也就越长；反之亦然。

图 3-10 表明了项目投资额和项目建设期限对总承包交易模式选择的影响程度。对于以 Turnkey 模式为主的第一聚类，项目投资额的重要性略高于项目期限，但差异不大；而对于全部为 D-B 模式的第二聚类和全部为 EPC 模式的第三聚类来说，项目投资额的重要性远远高于项目期限。

针对本次调查的 160 个样本而言，两步聚类分析与参数检验的结果是一致的，两种分析方法的有效性得到相互验证。

根据以上分析，可以总结出：

（1）大多数行业已开展了工程总承包的实践，但不同行业实施工程总承包的普及程度存在较大差异。

（2）绝大多数总承包工程项目能够遵循现行招标投标法律规定，但仍有部分项目存在操作不规范的现象，现行建设项目法律法规体系对工程总承包制度的推行存在一定程度的阻碍。

（3）在现行法律法规体系框架下，我国工程项目业主普遍存在较强烈的参与设计工作的愿望。

（4）工程项目投资额和建设期限两个因素对业主选择总承包交易模式的

影响程度存在关联关系,而且其作用是同方向的。

(5) 工程项目投资额的大小和建设期限的长短使业主在总承包交易模式的选择上存在不同偏好。一般来说,项目投资额越大、建设期限越长,业主越倾向于选择总承包程度更高的 Turnkey 或 EPC 模式;但当投资额和建设期限均较小时,业主在三种交易模式上的偏好差异不明显。

本次调查,通过实证研究的方式揭示了我国工程项目业主在总承包交易模式选择问题上的决策偏好,对于后文的相关研究奠定了基础,交易模式决策属性集和规则的构建必然应体现以上结论所表达的我国工程总承包市场决策现状相关因素。

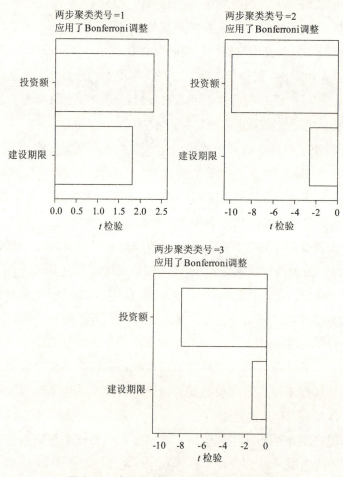

图 3-10　各变量在聚类结果中的重要性比较

3.3 总承包工程交易模式现状诱因调查分析

尽管近年来我国在工程总承包实施方面取得了一定的成绩，但不可否认，我国不论是在工程总承包市场发展的程度上，还是在总承包工程模式的实施绩效上，与发达西方国家相比仍然存在较大差距。我国工程项目决策者正是要在这种不完善的市场环境中做出符合业主利益的正确决策。

3.3.1 工程总承包模式的法律法规体系不完善

尽管自1984年以来国务院和建设部颁布了如本书1.1.1小节所述的多份涉及工程总承包制度发展的相关文件，但迄今为止并没有出台专门的工程总承包法律法规。缺少相应的法律规范、行政法规、部门规章及相关的实施细则和标准合同文本，使地方政府部门对工程总承包的管理无章可循，在很大程度上制约了工程总承包的发展。

工程总承包模式的基本特征之一在于设计和施工两阶段的一体化交易并尽可能地实现并行开展，这也是在总承包模式下工程项目建设期限能够得到较大节省的主要原因之一。但按照我国目前建筑业普遍遵循的工程项目建设程序，我国现行的建设工程项目管理包括立项审批、规划许可、报建备案、施工图审查、招投标备案等环节。根据各地区各行业的相关规定，这些环节在执行上一般都有较严格的先后顺序，往往前一个环节是后一个环节的先决条件。这些规定是基于传统的D-B-B模式而设定的，设计和施工两个阶段在顺序上严格划分，设计方和施工方各司其职、各负其责仍然是指导当前我国建筑业从业人员的基本观念。工程总承包制度显然对这些规定提出了挑战。如就项目的报建管理而言，尽管《工程建设项目报建管理办法》对我国境内投资兴建的工程建设项目的报建仅提出了9条原则性的内容，但各地区各行业无一例外地把项目初步设计设定为报建的基本资料之一；同时部分地区又规定报建备案是进行项目招标的先行工作，即在发包之前要求业主自行组织项目的初步设计。这显然从规章层面上割裂了项目可行性研究、初步设计与总承包的关系，不利于全程总承包的开展。尽管已经有部分项目的参与方在总承包模式的工程实践中接纳并实施了设计与施工的并行开展，但我国目前并没有制定符合工程总承包模式的工程项目建设程序的新规定，法律法规的缺位致使工程总承包模式在概念上与我国建筑业大部分从业人员的传统观念相冲突，也势必影响了总承包模式在我国的推广与发展。实际上，从本文所调查的 160 个总承包工程案例来看，部分业主在实践中已经对此规定有所突破，因此在规章方面做出修改也是顺应当前实践现实的。因此，需要对我国现行工程项目管理程序做出调整以适应工程总承包制度的发展需要。

另外，FIDIC 工程合同条件关于总承包工程业主权利的规定使得我国关于建设监理制度的定位遭遇了尴尬。在 FIDIC《施工合同条件》中被赋予了绝对权利的工程师在《"设计—采购—施工"（EPC）/交钥匙工程合同条件》中被雇主代表所取代，而且雇主权利亦受到极大限制；在采用该合同条件时，"雇主介入很少"，"如果雇主要严密监督或控制承包商的工作，或要审核大部分施工图纸"或"如果每次期中付款的款额要经职员或其他中间人员确定"，则该项目不适用于《"设计—采购—施工"（EPC）/交钥匙工程合同条件》；可见，FIDIC 合同条件鼓励在总承包工程中充分发挥总承包企业的自主性负担全程委托的责任。我国实行的建设监理制度是强制性的，中国境内符合条件的项目均实行监理制，并没有考虑到监理制度与总承包制度的关系以及在这种框架体系下监理企业和总承包企业的企业定位、职责划分等问题。本文认为，在实行工程总承包制度的初期监理制度对于弥补业主关于项目管理知识体系的匮乏是有必要的，但从长期来说，由目前的监理制度及其所导致的对被监理项目的参与深度必然限制总承包模式本质内涵的发挥，长此以往，工程总承包在我国可能又会演变成一种畸形的制度。因此，完善关于建设监理的法律法规对于促进工程总承包在我国的正常发展是必要而且亟需的。

此外，我国现行的工程招标模式对工程总承包制度的推行存在一定的限制。由于总承包工程的基本内涵在于设计与施工的一体化交易，工程招标所提供的设计文件不足以作为投标依据，无法预先按照造价定额计算工程的标底和报价。一般来说，总承包的费用包括工程成本费用和总承包商的经营利润等因素，在签订总承包合同时通常只能参照类似已完工工程做估算包干，或者采用固定总价和实际成本价比率酬金等方式，双方需要通过多次协商以确定一个可以共同接受并有利于投资、进度和质量控制，保障承包商合法利益的结算和支付方式。所以，建议对我国现行基于预算定额的工程计价机制进行检讨并重新设计，重新设计公共性项目的监管机制，并在此基础上灵活处理关于公开招标、邀请招标与协议招标的适用条件，适当放松对邀请招标和协议招标的限制性规定。

3.3.2 总承包项目参与各方能力不足

在本书开展的调查过程中，发现我国建设项目从业人员关于工程总承包的相关知识普遍较为匮乏，而且不同行业表现出不同的知识积累差异程度。一般来说，石油化工、电力等工业领域从业人员较房地产业、交通运输业等领域从业人员的总承包知识稍微普及，这应该与近几年前者比其他行业工程总承包开展较多相关。令人关注的是，政府主管机构工作人员关于工程总承包制度的理论知识储备在被调查行业里是表现最差的。

在工程总承包实践上，部分企业决策者表现出对工程总承包模式的不解与漠视。尽管许多企业具备进行工程总承包的能力和资质，但多年来所从事的基本上是施工总承包或管理总承包，许多企业从未接触过设计与施工一体化的总承包模式——不论是自行总承包还是联合体总承包。

3.3.2.1 项目业主能力

工程建设项目业主是建筑市场的主体之一，是总承包项目的发包方、买方或被服务方，业主处于推行工程总承包模式的最前端，对发展工程总承包的推动作用是首当其冲的。由于我国建筑业长期以来采用的是设计、施工、监理分别发包、分别管理的建设体制，业主受这一传统体制的影响，对工程总承包模式不熟悉，没有认识到工程总承包模式的潜在优势，习惯于自行管理；业主对工程总承包企业能否进行工程总承包的能力缺乏衡量的标准，对工程总承包企业缺乏信任；此外，理论界对中国建筑市场发展工程总承包的研究不充分、不深入，建筑业关于工程总承包知识的普及不充分，项目业主在实践中缺乏足够的理论指导。业主总承包制度相关知识储备的匮乏导致其总承包交易能力的不足，在工程实践中存在采用传统交易模式的偏好。

另一方面，投资体制上，目前我国国有经济及国有控股经济的公共性投资仍然占较大比重，2008年国有经济及国有控股经济固定资产投资额达到城镇全社会固定投资的 43.3%[125]，2009 年仅 1～9 月份已达到 43.1%[126]。按照委托—代理理论，作为公共投资项目代理人的业主往往有充分的理由受自身利益的驱使，愿意分阶段分别发包工程和分别指定分包人。肢解发包、拆项分包、自行变更设计、更换材料、忽视质量、盲目追求工期、不遵循基建程序建设、工程实施过程中的随意性等不规范行为仍然较为严重，而工程总承包制度从客观上在某些方面约束了业主的不规范行为，限制了业主的部分权力，这是业主不愿意接受的。

3.3.2.2 工程总承包企业能力

中国工程总承包企业主要是由设计企业或施工企业演变而来，由于长期以来设计、施工分离的建设模式，无论是设计单位为主体还是以大型施工企业为主体的总承包企业，都在企业能力方面表现出诸多不足。施工为主体的建筑业企业普遍缺乏设计功能，而设计企业缺乏高素质的项目管理人才、项目管理体系不完善，经常在项目实施中失去对项目的掌控[127]。

目前，除少数已改造为国际型工程公司的企业外，中国大多数勘察设计、施工企业没有建立与工程总承包相对应的组织机构。作为劳动密集型的大中型施工企业，大多实行"公司——分公司——项目部——作业队"的四级管理模式，管理层次重复、管理职能交叉。多数大型施工企业总部只是一个管理层，而不是实体型公司，这与国际型工程公司的组织机构相差甚远[128]。部分企业集团的总公司虽然从统计上看资产、人员规模很大，但没有相应的总承包能力，工程总承包的基本单位分散在常常相互成为竞争对手的分公司，企业集团无法形成规模集约效应，技术开发及管理能力也受到制约[129]。这不仅导致中国建筑企业在国际总承包市场上与发达国家的大型企业进行竞争时处于被动地位，在国内工程总承包市场上也会产生过度竞争和有效竞争不足的负面影响。另一方面，由于中国建筑企业长期未对信息化建设引起足够重视，企业内复合型人才偏少，项目管理仍然偏重于传统手段，没有建立起工程总承包所需要的现代化项目管理体系。

3.3.2.3 咨询企业能力

高层次的工程咨询服务可以为业主提供工程总承包实施后的管理服务组

织和监督机制,帮助业主解决工程总承包管理能力不足的问题。从当前工程实践来看,包括监理公司在内的工程咨询企业在我国建筑市场中所发挥的作用与"提高工程建设的投资效益和社会效益"的初衷尚有较大差距[130]。由于我国投资体制的限制,咨询企业特别是监理企业在工程实践中往往处于被边缘化的境地,咨询企业的业务范围大部分集中在招标代理、工程质量检查等业务上,而较少的咨询企业能够参与项目决策阶段的工作。从咨询服务业的行业层面来看,决策实践不足的现实使得咨询企业普遍缺乏项目决策工作的专业知识储备。此外,部分咨询企业人员结构复杂,年龄结构不合理,缺乏专业知识更新的动力。面对工程总承包这种新型的工程交易模式,咨询企业与项目业主同样处于无所适从的境地,"帮助业主解决工程总承包管理能力不足"的责任也就无从谈起了。

因此,建议在建设项目各行业各领域有步骤有组织地通过各种途径以各种形式积极开展工程总承包制度理论和实践的普及与宣传工作。在理论普及方面,可以通过有计划地举办工程总承包制度讲座,把工程总承包制度的基础理论与注册造价师、注册建造师资格考试与继续教育结合起来,拨付工程总承包理论专项研究经费等方式提高各行业各领域从业人员的理论认知水平;在实践上,可以通过定期对国内外工程总承包的实施现状、典型案例与成功经验进行总结,制定优秀总承包企业名册并在行业内宣传等方式,激发企业进行总承包实践的现实感、紧迫感,为其设置行业标杆,增强其开展工程总承包的兴致与信心。

此外,建议学习美国、英国、澳大利亚等西方国家的做法,由政府或行业协会主导颁布具针对性的总承包工程交易指导文件、总承包工程执行指南等,以协助、规范项目业主、咨询企业开展工程总承包的计划、决策、实施等行为。

3.3.3 工程总承包企业的道德风险

Chimay 等人曾描述了工程总承包模式天然的缺陷:由于无法按照传统的最低报价法进行承包商的选择,业主一方面不得不付出更高的招标成本,另一方面项目成交价格却不一定是市场上的最低价格;另外,总承包商为了节省成本，必然会以业主的最低建设要求为基准从而降低工程设计质量，而在建设过程中，承包企业为了保证工程进度，往往对业主变更需求置之不理或进行高额索赔[131]。Rowlinson 把产生这些问题的其中一个原因归结到了总承包模式的复杂性上，他认为与传统承包模式相比，总承包项目的组织形式显得更加复杂，在投标阶段针对一个项目的多个不同设计方案会导致多个不同报价[132]，显而易见，在建筑产品未确定的前提下，业主需要花费巨大的成本或根本难以判断最优的投标方案。Florence 等人对新加坡公共项目的总承包企业的服务质量做出调查后发现，尽管业主普遍对总承包方式抱有较高期望，但总承包企业所完成的工程质量却远远达不到业主的要求[133]。错误地运用传统评标中的最低竞标方法致使承包商采用降低成本的办法来仅满足业主的最低需求，即在本质上较复杂的总承包组织方式导致了"业主期望错位"，Ling 等曾建议在没有详细的设计文件的情况下，业主应在招标文件中尽量深化 Request for Proposal（RFP），使之更具体更容易理解；业主的期望应局限于"已经被足够说明了的，而不是更多"，因为"承包商不会提供比业主最低需求更多的设施"[134]。

实际上，在信息不对称的条件下，企业的逐利本质是导致道德风险的根本原因，建筑企业当然也概莫能外，Florence 等人已经证实总承包企业在项目实施中的诚信状况与业主的期望差异甚大。总承包企业比业主更了解工程的环境和实际情况，作为委托人的业主只能观察到工程项目建设的结果，而无法直接观察到代理人的努力程度和工作状态，总承包企业可能会利用自己拥有的关于工程建设进展状况的私人信息，在追求个人利益的过程中损害业主的利益。道德风险泛滥所导致的后果将是更加严格的监管机制、惩罚机制以及由此所产生的更高的交易成本，这显然将对不诚信的总承包企业的长远利益构成威胁。为了降低产生道德风险的机会，政府甚至不得不出台更严厉的劳动和税收条例来部分地替代自由市场合约[135]。在实践中，诚信一直是业主选择承包企业的一条重要准则。在 Manley 和 Hampson 所列出的业主选择承包企业的 12 个条件中，"承包企业是否值得信赖、是否合作"排在"技术专业和经验"之后处于第二重要的位置[136]。特别对于一些以当地市场为主要业务来源的中小建筑企业来说，企业声誉和公司负责人的声誉是"合同执行最有效的守护者"[137]。Mehmedali 等人通过对北塞浦路斯私人业主的需求与期望的调查进一步证实,业主希望与能充分满足他们需求的具有良好信誉的承包企业继续合作[138],这个发现对承包企业击败竞争对手扩大市场份额提供了一条重要途径。诚信可靠的承包企业总是以业主的利益为重,并能积极主动地处理项目中遇到的问题[139],而建筑企业的可靠性是直接受组织资源影响的,因此总承包企业应为内部团队设置共同的发展目标,在组织内部实现各团队高度合作,提高质量控制能力,增加其可靠性,以确保少犯错误,建立企业诚信机制。

总承包企业的道德风险不仅仅存在于其做一个整体与业主的业务关系中,由于业主、总承包企业以及分包企业之间的合同关系,业主只是对总包工程整体进行验收,分包工程由总承包企业自行验收并对建设单位承担连带责任,总承包企业必然会对分包企业进行严格管理与控制。由于未来收益的不确定性与合同的不完全性,合同的约束作用有限,分包企业受利益的驱使可能会选择不努力工作,从而产生"道德风险"。在信息不对称情况下,可以通过合理的总承包企业内部机制设计,减少与分包企业间的信息不对称,实现帕累托的最优风险分担与最优报酬支付。

2008年1月7日,全国建筑市场诚信信息平台开通启用,建筑市场信用体系建设进入实质性工作阶段[140]。除该平台原有的功能模块以外,建议增加专门的工程总承包信用模块,记录总承包项目参与方各主体诚信行为,同时作为总承包制度知识普及和传播的平台。其次,应以该平台为基础,实现总承包工程建设相关数据的记录与查询功能,为理论界进行总承包工程相关研究提供数据基础。再次,应以促进建筑业行业发展而不是以平台的经济效益为目标广泛促进该平台的应用范围,使其发挥更大的作用,以促进建筑业信用的长效机制的完善。

3.3.4 企业结构与产业结构不合理

按照科斯的企业组织理论,企业作为一个用来解决或者降低市场交易成本的机制,当企业内部的协调和分配具有相对于市场协调的成本优势时,交易应该选择在企业内部通过权威或者行政管理的方式进行分配。工程总承包市场的设计施工一体化原则显然从理论上赋予了建筑企业实现设计与施工能力内部化并进行内部协调和分配的优势。但 Manuel 发现，随着总承包制度的发展，西班牙建筑企业在组织规模上的分化越来越明显，企业组织愈发趋向于小型化，其原因在于体制制约因素的变化——西班牙政府所制定的一系列劳动和税收条例——使总承包企业认识到将对项目参与者（无论是来自于企业内部还是企业外部）的监管职能转化给更具专业化能力的公司会更有效率[141]，也就是说，在体制制约因素比较完善时，法律上相互独立的企业之间的契约（市场关系——总承包企业与分包企业之间的合同关系）可以有效地替代企业内部契约（雇佣关系）。由于我国建筑业市场规则不完善、建筑市场秩序混乱、建筑业信用体系缺位等原因，总承包企业不得不继续寻求企业内部契约维持设计与施工能力的内部化以降低市场风险，缺乏对工程分包的需求动力。中小型企业具有向大中型企业演变的逆向分化期望，阻碍了我国建筑业专业分包企业的发展。

在建筑企业（施工企业）规模的数量分布上，西方发达国家建筑企业普遍呈金字塔形态，小型企业数量最多，一般在 60%～95%，中型企业数量较少，一般在 5%～40%，大型企业数量更少，一般在 0.1%～0.5%[142]。基于大量中小型建筑企业从事工程分包的支持，国外大型建筑企业的业务视角主要在于获取工程总承包合同及项目管理两个方面。反观中国建筑业，企业类型呈现大型和小型企业少、中型企业最多的"纺锤"形态。一方面，不论是在企业核心能力上，还是在企业经营业绩上，我国的所谓"大"型企业其实都无法与国外大型建筑企业（施工企业）相媲美；另一方面，由于"大"中型建筑企业（施工企业）都在一定程度上具备实施工程总承包的能力，但同时又缺乏足够的专业化分包企业，因此我国总承包市场存在过度竞争与有效竞争不足同时并存的特征[143]。

上述分析表明我国总承包企业在发展变革道路上面临着两难取舍的尴尬境况：一方面前文所述及的种种弊端迫使中国建筑企业（施工企业）越来越具有向扁平化、分层竞争等方向转型的压力与倾向，但另一方面，不完善的市场条件和惯性的组织机制使建筑企业（施工企业）仍然对企业内部契约情有独钟。换言之，我国建筑业产业结构的不合理性和不完善的法律法规体系阻碍了建筑业企业结构的合理演变，从而严重影响了建筑业资源的优化配置，遏制了由分工协作和专业化生产带来的产业规模经济效益的发挥，妨碍了工程总承包制度在我国建筑市场的顺利健康推行。

为此,建议以构建建筑企业核心竞争力为导向延伸服务功能,组建涵盖前期决策、勘察、设计、施工、采购、安装与试运行等工程环节的全面型建筑企业。在组织结构上缩短管理链条,实行扁平化管理结构,减少管理层次,使企业内部资源进一步优化,提高管理效率。将企业资源集中于自己的优势业务,重视经营特色和目标市场的选定,组建自己的价值链,发展自己的核心竞争力[140],将附加值低的生产环节剥离给专业型企业或劳务型企业。从整个建筑业行业来说,应进一步鼓励企业打破部门、地区、所有制界限,实施企业间的兼并重组和资源优化,完善企业区域和行业经营功能,完善人才结构,提高企业内部标准化管理水平,组建可与国际知名企业相比拟的大型建筑企业。优化国内大中小型建筑企业结构,鼓励中小企业向专业化和劳务化方向发展,实现在数量上的金字塔式的合理分布形态。

3.4 本章小结

本章通过市场调查,从总承包交易模式分布情况及其与工程项目行业、招投标模式、工程项目投资额以及建设期限等因素间的关系等方面分析了我国工程总承包市场的交易模式决策状态;从法律法规体系的不完善、总承包项目参与者能力不足、工程总承包企业的道德风险以及我国建筑业产业结构和企业结构的不合理四个方面研究了影响我国工程总承包市场发展的主要诱因。

第 4 章

总承包工程交易模式 UMADM 环境

4.1 总承包工程交易模式 UMADM 环境构成

4.1.1 总承包工程交易模式 UMADM 环境要素

根据系统论的观点，一定的系统总是依赖、适合于一定的环境，同时也对一定的环境进行改造。系统与环境之间的相互联系与相互作用是通过物质、能量、信息的交流来实现的。各环境要素间相互作用这种双向交流既满足系统的需要，又实现对环境的改造。

总承包工程交易模式决策可以视为一个系统，这个系统本质上由待决策的工程项目和实施决策行为的决策者集这两个子系统所构成，这两个子系统的目标、知识、资源以及行为规则和偏好等特征定义了决策系统的基本要素框架，而这些要素的内容则要通过与系统所处环境的交流而确定。

当前，一些学者对阻碍我国总承包项目管理模式推广的原因进行了分析，如 Xia Bo& Chan(2012)将我国实施总承包的障碍因素归结为总承包商的能力、缺乏政府支持、不成熟的总承包市场等 6 个方面[144]。主要研究成果详见表 4-1，这些也正是影响业主进行总承包项目管理模式决策的环境因素。

影响总承包项目管理模式决策环境因素　　表 4-1

研究者	影响因素
Xia Bo & Chan[144]	总承包商的能力(5)、项目交易的困难(5)、总承包项目的特征(5)、缺乏政府的支持(3)、业主的能力(2)、不成熟的总承包市场(3)
王勇[145]	总承包模式法律地位不明确、总承包市场准入及市场行为不明确、市场机制不完善、缺乏项目管理人才、总承包商设计能力不足
王琨[146]	宏观：法律、法规不健全、业主对总承包模式的认可程度低；微观：中介服务机构匮乏及素质不高
郑磊[147]	业主：对管理程度的要求不高；承包商：项目管理能力不足、设计能力不足；社会环境：诚信问题、未建立总承包市场准入制度
王早生[148]	法律、法规不健全、业主对总承包模式的认可程度低、总承包企业组织模式、总承包商项目管理能力
荀志远[149]	总承包企业组织机形式、总承包商项目管理水平、总承包商的抗风险能力、总承包专业人才、业主对总承包的熟悉程度、政府部门对总承包的态度

学者们从政策环境、参与者能力和社会环境等方面提出影响总承包项目

管理模式决策的主要因素，为本研究提供了有价值的理论基础。但他们的研究均采用定性分析的方法，针对各种影响因素之间相互关系的探究尚未涉及，从定量分析的角度探索决策环境对业主决策绩效的影响机理尚未见诸。对决策影响机理的分析使实践当中能够采取针对性的措施，完善决策环境，提高总承包项目管理模式决策的绩效。

根据 R.E.Machol 的观点，存在于系统周围并对系统产生影响的通常包括自然、社会、国际、劳动和技术五个方面的因素。总承包项目管理模式决策是业主对不同项目管理模式进行综合权衡的过程，在这个过程中，决策者的判断会受到各种环境的影响，除普通意义的环境要素以外，对于总承包工程项目管理模式决策系统而言，影响该系统运行的环境因素包括：

（1）国际环境要素。国外工程总承包交易模式对我国建筑市场的影响、国外工程总承包企业在我国总承包市场的参与状况等；

（2）技术环境要素。总承包相关知识成果的示范作用、总承包参与各方的能力状况等。

（3）社会环境要素。我国建筑企业市场信誉，工程总承包制度社会认知程度以及建筑行业协会的作用等。

（4）政策环境要素。我国总承包制度的引导与推广，相关政策、法规及其对参与各方诚信状况评价等。

（5）内部环境要素。建设单位对总承包模式的态度及熟悉程度。

4.1.2 总承包工程交易模式 UMADM 环境结构

决策环境系统是由以上各要素相互有机联系所组成的整体，且各要素构成了这个决策环境系统的子系统。任何环境子系统都要遵循它所处的环境大系统的运动规律，并不断进行协调和运转，各子系统及其相互作用的结果就形成了我国总承包工程项目管理模式决策系统的整体性环境背景。

我国总承包工程交易模式决策系统正是在与以上外部环境系统的双向交流中获取必要的决策信息实现决策目标，同时其决策结果反过来又将影响到外部环境的改变，总承包工程交易模式决策系统与其外部环境在这种不断完善的双向交流中相互促进并得到更新和进化。

我国总承包交易模式决策系统的外部环境结构及其与总承包工程交易模式系统的关系如图 4-1 所示。

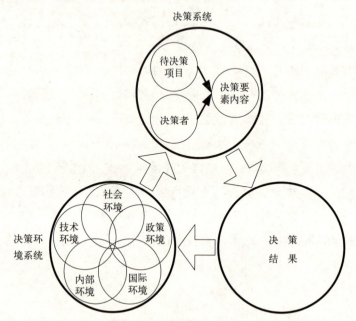

图 4-1　总承包工程交易模式决策系统与环境系统

4.2　总承包工程交易模式 UMADM 环境分析

4.2.1　国际环境要素

4.2.1.1　国外总承包模式的示范作用

首先，国际工程项目基本都要求以总承包的形式开展，近年来我国企业踊跃参与国际竞争并承揽了许多大型工程项目，据中国对外承包工程商会统计数据，2013 年上半年，我国对外承包工程业务完成营业额 578 亿美元，同比增长 15%；新签合同额 767 亿美元，同比增长 15%。其中合同额在 5000 万美元以上的项目 325 个（上年同期 240 个），合计金额 602 亿美元，占新签合同总额的 79%；上亿美元的项目 188 个，较去年同期增加 48 个。截至 2013 年 6 月底，我国对外承包工程业务累计签订合同额 10749 亿美元，完成营业额 7134 亿美元，为我国本土企业积累了一定的工程总承包经验。再者，发达国家工程项目的实施中，总承包模式占据着较高比例，如图 4-2 所示，其中军事项目有 90% 以上采用 DB 总承包模式，医疗和商业项目有 40% 以上采用 DB 总承包模式。而据美国总承包协会（Design-Build Institute of America）的测算，2009 年美国有超过 50% 以上的工程项目采用 DB 等集成化的总承包项目管理模式（Martin Sell，AIA）。前面的研究综述中许多学者指出，总承包模式的采用能够节省项目投资，缩短工期，增强项目的经济效益，从而受到了越来越多业主的欢迎。国外总承包模式的顺利推行，为我国建筑行业探索总承包制度推行和总承包模式的实施提供了可遵循的"轨迹"及"丰富的案例"，具有一定的示范意义。

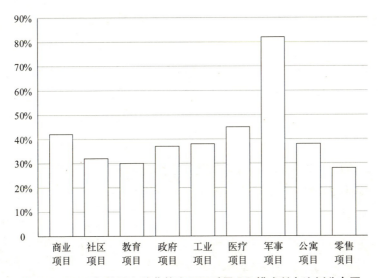

图 4-2　2012 年美国九种非住宅项目采用 DB 模式所占比例分布图

资料来源：http://www.dbia.org/resource-center/Pages/Report-by-RCD-RSMeans-Market-Intelligence.aspx

4.2.1.2　国外总承包企业、咨询机构在我国总承包市场的参与

关于国外总承包企业、咨询机构在我国总承包市场的参与情况尚无相关的统计数据。据 2002 年中国建设部和对外贸易经济合作部颁布的第 133 号文件《外商投资建筑业企业管理规定》中第三章，第十五条明确指出了外资企业在我国的工程承包范围：

(1) 全部由外国投资、外国赠款、外国投资及赠款建设的工程；

（2）由国际金融机构资助并通过根据贷款条款进行的国际招标授予的建设项目；

（3）外资等于或者超过50%的中外联合建设项目；及外资少于50%，但因技术困难而不能由中国建筑企业独立实施，经省、自治区、直辖市人民政府建设行政主管部门批准的中外联合建设项目；

（4）由中国投资，但因技术困难而不能由中国建筑企业独立实施的建设项目，经省、自治区、直辖市人民政府建设行政主管部门批准，可以由中外建筑企业联合承揽。

由此可见，国外建筑企业进入我国工程承包市场主要分为外资独资和中外合资两种形式。其中，外资独资企业在工程承揽范围方面存在较大的局限性，服务对象较为单一。相对而言中外合资企业则比较宽松，且中外合资企业一般都具有较为先进的技术和管理水平，因此在现实当中往往承揽复杂、技术要求较高的项目。近些年，随着我国社会经济的发展，各地"地标性"项目的兴建、大型基础设施等复杂、科技含量高的项目将越来越多，这无不引起国际优秀承包商的觊觎。而随着我国加入GPA（Government Procurement Agreement 政府采购协议）进程的推进，将使优秀的国际承包商能够进入我国建筑行业的竞争中来。GPA协议是主要由欧美等西方发达国家发起的，规定各成员国之间对等开放政府采购市场的一种贸易协议。原本发达国家想以加入GPA作为中国入世的条件之一，当时中国顶住压力没有加入，而承诺在入世后会尽快启动GPA谈判。入世以后，在发达国家的多次敦促下，我国于2007年到2012年12月先后4次提交了加入GPA的申请，这几次申请逐渐放宽了政府采购的门槛，从采购的范围、所涉及的政府部门到过渡期限，其中过渡期限从第一次申请的15年降到第三次申请的5年。届时，建筑行业的行政保护将逐渐失去，国外总承包企业、咨询机构将更多进入到我国的建筑市场。国外总承包企业、咨询机构的进入势必会加剧我国建筑行业竞争的激烈性，迫使我国建筑行业结构调整升级。

4.2.2 技术环境要素

4.2.2.1 总承包模式相关的知识成果

自20世纪80年代以来，国内外研究学者对总承包项目管理模式的类型、特征、组织形式、实施效果、总承包商选择、合同管理、不同总承包项目管理模式的对比、总承包项目管理子模式决策方法等方面进行研究，形成了丰富的研究成果；再者，在工程实践中，运用总承包项目管理模式的成功案例以及在实施过程中存在的问题、遭受风险等经验教训，这些都能使业界人士不断地加深对总承包模式运用的理解和认识，从而促进总承包项目管理模式的采用，提升总承包模式决策的绩效。

4.2.2.2 总承包商的能力

总承包能力是指总承包商对与业主所签订合同的履约能力，在总承包模式中，承包商所承揽的范围除了设计与施工外，还可能涉及勘察、采购、试运行等若干阶段，项目的实施成果的好坏很大程度上取决于总承包商的能力状况。由于总承包涉及范围的广泛以及不确定性程度的增加，使总承包商不能仅仅具有某一方面的能力，而应该是各种能力的组合体，具体如下：

（1）项目管理能力。优秀的项目管理能力是总承包商实现项目盈利的重要保证。工程总承包并非是设计、施工等阶段的简单叠加，而是各阶段之间的有机结合，进行资源的有效调配，进而产生"1+1>2"的效果。如日本大成公司在鲁布革水电站工程中，正是以其优异的项目管理能力，使得其在极具有竞争力投标报价的情况下，仍能获得高额利润。

（2）协调管理能力。总承包模式中，允许总承包商将设计、施工或其他阶段进行全部或者部分分包，这使作为总承包商的企业不需自身具备强大的设计、施工的能力，但对其协调管理能力有较高的要求，应能够协调协作各方在项目开展的过程中循序推进，确保项目的正常高效实施。

（3）风险管理能力。总承包商承担了从项目的勘察设计阶段至履约完成过程的大部分风险，特别是在初步设计不完善的情况下，总承包商就以固定总价的形式签订合同，期间存在非常多的不确定因素，因此总承包商需要有良好的风险防范意识和风险规避能力。

（4）资源管理能力。资源管理能力主要分为人力资源管理、供应方与合作伙伴管理、信息资源管理能力三方面。在人力资源管理方面，人才是总承包商能力的核心体现，特别是具有项目管理及总承包知识等的复合型人才，需要有良好的人力管理与激励措施，以调动人员的积极性，吸引、留住人才，才能保持和不断提高总承包商的能力。另外，总承包商不可能独自完成合同约定的所有任务，少不了材料、设备的供应方以及其他合作伙伴，增强供应方与合作伙伴的管理是增强总承包商与各合作方之间合作默契、降低成本、提高项目实施效率的必要条件。第三，总承包项目实施过程中需要处理大量的信息，总承包商应当采用信息化技术，增强信息资源的共享性达到消除信息不对称的作用，实现信息资源的有效利用。

（5）技术创新能力。技术创新能力是总承包商在市场竞争中持续保持优势的保证，而且通常而言，总承包项目规模大、复杂程度高且有较高的技术要求，因而要求总承包商有较强的技术创新能力。再者，承揽范围的增大也为总承包商对新技术运用提供了便利的环境。

4.2.2.3 咨询机构服务能力

在总承包项目管理模式中，各类咨询机构在项目实施的过程中起着重要的作用，其利用自身专业知识、技术和能力，对总承包商提供的项目实施方案、施工方法、物资采购等方面可能出现的风险给出合理的预防和抵御措施；针对项目的实际进展情况及时发现潜在风险，并给出相应的风险应对、转移和规避的方案，为业主对项目的管理提供必要的建议和措施，与总承包商一同为总承包项目的顺利开展出谋划策，是总承包项目取得良好实施绩效的基础保障。

4.2.3 社会环境要素

4.2.3.1 总承包项目管理模式参与各方的数量

在总承包模式中，需要业主直接进行选择的参与单位有总承包商和咨询单位。当市场上有足够多的总承包商和咨询单位，其间存在着能力优劣或专长的不同，业主能够有更多的选择空间，也能通过对比选择能力更强的参与单位，以提高总承包项目实施取得更佳绩效的可能性，且由于竞争情况的存在，可能相应地降低项目总承包或服务的费用。人才是第一资源，对于总承包模式的实施而言，这也毫不例外，总承包项目的开展必须由多方面专家集成的高水平总承包人才群体发挥团体的优势，才能保证总承包项目取得成功，而这也在较大程度上取决于市场上所具有的总承包人才的数量。

4.2.3.2 建筑市场诚信状况

在总承包模式中,承包商涉及设计、施工、材料、设备采购等全部或若干过程,这需要各专业分包商之间有良好的合作伙伴关系,形成高效率的建设过程供应链。企业要赢得利益相关者的信任,就必须建立在诚信的基础上[150]。良好的建筑企业社会诚信是项目实施过程中各分包商之间形成高效合作关系的必要条件,形成一批综合能力强、业务范围广的总承包商是各种总承包项目管理模式顺利开展的基础。再者,在总承包模式下,业主将在很大程度上减少对项目的管理,而主要依赖于总承包商或咨询机构,这也对企业诚信提出了较高的要求,由此可见建筑市场诚信状况对总承包项目管理模式的实施有重要的影响。

4.2.3.3 市场环境与竞争状况对总承包项目管理模式应用的促进作用

在市场经济体制下,有序的市场环境对总承包项目管理模式应用的影响主要包括以下三个方面:第一,市场能为总承包模式的实施提供所需要的资源和动力,特别是敢于创新、承担风险的建设单位,将主动尝试采用总承包项目管理模式。第二,市场能正确引导、快速传递信息,并通过采用总承包项目管理模式后的投资效果,对其成败进行检验。第三,市场通过竞争给企业施加压力,以优胜劣汰的机制促进企业积极对总承包项目管理模式的运用,以提高企业的竞争力,以免在竞争中遭受淘汰。近几年,随着房地产行业的兴旺及国家固定资产投资的影响,我国建筑行业取得了迅猛的发展。根据2012年统计年鉴,2006年建筑企业的数量为45893家,至2011年增加到72280家,建筑业的总产值也从41557.16亿元增加到117059.65亿元。然而,激烈的市场竞争使得行业的利润率不断降低,许多业界人士反映建筑企业增产不增收。企业依靠传统的DBB模式只能获得正常甚至更低的利润,这就会迫使建设单位、施工企业及中介服务机构积极尝试总承包项目管理模式,优化建筑施工过程的组织形式,减少管理人员,以纵向集成的方式来降低成本、扩大利润,努力使自己的企业与同类企业区分开来,促进总承包项目管理模式的实施。

4.2.4 政策环境要素

4.2.4.1 总承包制度相关法律、法规

如前文所述，从 2003 年以来政府有关部门出台了一系列促进总承包项目管理模式发展的文件，2011 年 10 月住房和城乡建设部推出了《建设项目工程总承包合同示范文本（试行）》，对总承包的定义进行重新界定，规定了总承包实施过程中的标准、要求及各方责任等确保总承包过程的顺利进行。然而，总承包项目管理模式相关的法律、法规体系尚未形成，例如我国当前建设工程审批制度还是按照传统的 DBB 模式设定，工程建设过程被人为地划分为建设前期、建设期（勘察设计、施工、采购）、竣工试运行等不同阶段，这些阶段分别由不同的政府部门进行管理。其中，工程建设的前期阶段由项目审批部门管理，而工程建设的各个阶段虽然都由建设部门管理，但分别隶属于不同的职能部门，且审批的环节在执行上一般都有严格的先后顺序。各行业各地区将项目初步设计作为项目报建的先行条件，且部分地区将报建备案作为项目招标的基本条件之一，这个分割了初步设计与总承包之间的联系；另外，在招标投标法和工程招标投标管理办法中，对设计、施工、监理等分别招标投标均有详细规定，而对于工程总承包却没有相关规定，也没有适用于总承包的招标文件范本。再者，在工程报建、竣工验收方面没有针对总承包的相关规定，工程总承包企业在资质、工程保险、税收等方面也没有相应的法规，导致许多地方政府并不认可企业进行总承包工程业务的开展。上述这些因素是总承包模式推行的障碍，可能对市场参与者数量、企业对总承包模式态度等产生影响，进而影响到总承包项目管理模式决策的绩效。

4.2.4.2 诚信评价体系构建及其作用

建筑企业社会诚信一方面依靠企业自身的注重和塑造，也需要政府主管部门充分发挥其监督管理的作用，搭建和完善有效的诚信监管平台，使不讲诚信的建筑企业在市场竞争中遭受惩罚，规范市场竞争中企业的诚信行为。2002 年，建设部开始着手建筑市场信用体系建设的工作；2005 年初在安徽、江苏、上海等地展开建筑市场诚信评价体系建设的专项调研，并在北京、上海等地多次召开专题研讨会。在充分调研的基础上，于 2005 年 8 月颁布了《关于加快推进建筑市场信用体系建设工作的意见》，确立了建筑市场诚信体系建

设的基本原则、工作思路和总体目标，其中明确指出到2010年，基本构建起全国建筑市场诚信信息平台，实现信息互通、互用和互认。随后建设部在长江三角洲区域、环渤海区域等全国省市展开试点工作，积极推进诚信体系建设的工作。2008年1月，全国建筑市场诚信信息平台在建设部门户网站上正式启用，这意味着我国建筑市场诚信体系建设以诚信信息网络平台的形式为突破口取得了实质性的进展。近几年，在住房和城乡建设部的带领下，全国各地都积极地展开建筑市场诚信体系的建设工作，进行立法及制订有关标准，进一步完善制度方面的建设。全国范围内建筑市场诚信体系的构建，为约束市场经营活动中企业的不规范行为，维护竞争公平起到了重要的作用。完善的建筑企业诚信评价标准及配套的奖惩制度，能够促使企业在项目实施过程中，注重诚信的积累，降低总承包项目实施过程中总承包企业、业主等参与方可能承受的风险，从而对总承包项目的实施情况产生正面影响。

4.2.4.3 政府对总承包制度的引导和扶持

近年来，我国总承包模式的运用取得了快速的发展，离不开政府的有力支持和引导。随着我国建筑市场对外开放程度的不断扩大、经济产业结构升级调整的要求，我国政府必将继续从政策、法规、企业整合、融资、科研、行业协会等方面，对总承包制度进行引导和推广。在政策、法规方面，逐步规范和完善对总承包市场的管理；鼓励具有较强综合实力和竞争力的企业实行优势互补，联合、兼并，组建能够承担大型项目总承包服务的"龙头"企业；此外，在这些企业外部推进实施过程的专业化分工，培育工程建设各领域的专业分包商，形成专业承包企业集群。鼓励并支持高等院校、科研单位、大型企业等机构加强工程总承包相关理论的研究，提高项目管理水平，进一步下放政府主管部门的有关权力，更大发挥行业协会在总承包市场上的作用，加强总承包人才培养、人才引进的措施。

4.2.5 内部环境要素

4.2.5.1 建设单位对总承包模式的态度

建设单位作为建筑市场上的买方，是对其即将投资项目是否采用总承包模式的最终决策者，而这一决策过程在很大程度上受到态度的影响，当建设单位接受总承包模式所带来的与传统DBB模式的不同之处，业主才有可能采用总承包，再者，业主对总承包模式的态度也会影响其对总承包模式相关知识的接触和摄取，也会进一步对总承包模式实施的绩效产生影响。与传统的DBB模式相比，总承包项目管理模式在承揽范围、管理方式等方面都有一定的差异，其采用势必会打破建设单位内部原先的管理方式，因此这在很大程度上取决于建设单位对创新改革、接受新事物的态度，当建设单位对创新改革持积极态度时，采用总承包模式的可能性就大，主动性就高；反之亦然。建设单位对总承包模式的态度主要受到以下两个方面的影响：

(1) 建设单位组织文化

建设单位组织文化是指企业在长期生产经营活动中形成的特定的文化观念、价值体系、习惯等一些推动企业发展壮大的意识和行为规范。业主单位的经营活动对其组织文化形成起到基础性的作用，同时组织文化也会反作用于经营活动、组织思维。总承包模式的采用需要建设单位对以往经营管理行为作出改变，但改变总是不被一些公司的文化所接受。如罗宾斯在其著作《组织行为学》（中国人民大学出版社，2012年第14版）中，从7个维度对组织文化进行描述，其中包括创新和稳定性。当组织文化偏向于创新时，组织将在较大程度上鼓励创新和冒险，此种类型的建设单位在相同情况下更可能尝试总承包模式，而稳定性则强调维持现状。

(2) 建设单位管理者对总承包模式的态度

建设单位对各项改革创新最终的决策都是来自于企业的各级管理人员，管理者的态度在很大程度上左右着企业的创新改革态度。如果建设单位管理人员对总承包项目管理模式持乐观态度，那么建设单位可能进行改革创新，在未来的项目采取总承包项目管理模式的可能性也比较高，而持悲观态度的管理者则比较谨慎，相应的可能性就比较低。

建设单位对总承包模式的态度除受组织文化、企业管理者的影响外，社会上总承包模式的使用情况也是一个重要因素。这是因为随着总承包模式使用数量的增加，其实施效果的不确定性会逐渐降低，成功实施项目的示范性凸显，从而促使越来越多的业主尝试使用总承包模式。

4.2.5.2 建设单位对总承包模式的熟悉程度

如前文所述,总承包模式存在着 6 种子模式,选择合适的总承包子模式能够显著提高项目的绩效,然而各种总承包子模式之间存在着一定的差异和适用性,业主单位需要对此有熟悉的了解和认识;另外,除了各总承包子模式的特征之外,建设单位对总承包子模式的选择还会受到来自业主特征、项目属性和外部环境等因素的影响,这需要建设单位针对特定总承包子模式下,对来自各种影响因素进行评判,并根据综合评判的情况来选择合适的总承包子模式,完善的总承包子模式决策流程和决策方法,能使业主的决策更具科学性和有效性,从而促进项目的实施绩效。

4.3 研究假设及理论模型的构建

对总承包项目管理模式决策环境与决策绩效的机理研究,需要处理多个因素与决策绩效之间的关系,而且研究对象涉及变量的主观性强,无法直接测量,存在测量误差的问题。传统的回归方法难以解决这些问题,而使用结构方程模型,则存在以下优点:

(1) 允许变量误差的存在。在实际研究中,业主对总承包项目管理模式的熟悉程度和态度等变量无法通过实际观测获得,且难以用单一的指标对其进行描述,只能通过问卷调研的方法来收集数据,而这些也使得变量存在必然的误差[151]。结构方程模型中,允许自变量和因变量存在测量的误差,并且能试图更正测量误差所导致的偏误,同时变量可通过多个指标进行测量。

(2) 能同时处理多个变量,分析结果直观可见。结构方程模型整合了因子分析、信度和效度检验、方差分析和路径分析等统计方法,将决策环境的影响因素和决策绩效的结果变量置于同一个模型当中,分析变量之间复杂的结构关系,使得分析的结果更为可靠。并且通过路径图的形式,将变量之间的相互影响关系直观地显示出来。

鉴于此,利用结构方程模型能够很好地对上述问题进行分析。

通过上述对五个环境维度的分析,可归纳为 7 个潜在变量,如表 4-2 所示。

总承包项目管理模式决策环境观测变量一览表 表 4-2

序号	编码	维度	潜在变量（简称）
1	GJE	国际环境要素	国外企业参与及总承包模式示范作用（参与及示范作用）
2	JSE	技术环境要素	总承包知识成果及参与者能力（知识成果及能力）
3	CYZ	社会环境要素	总承包参与者数量（参与者数量）
4	SCE		市场诚信与竞争状况（市场状况）
5	ZCFG	政策环境要素	总承包政策法规（政策法规）
6	ZFTG		政府推广
7	QYE	内部环境要素	建设单位的态度与熟悉程度（态度与熟悉程度）

决策绩效可以从两个方面来进行衡量，即决策的效率以及选择总承包模式后项目实施的绩效。决策效率是指业主进行总承包模型决策所消耗的时间，总承包模式实施的绩效则可以从质量与功能、工期、成本方面来进行衡量，其测量题项如表 4-3 所示。

总承包项目管理模式决策绩效题项 表 4-3

序号	编码	潜在变量	影响因素名称
1	JCJX	决策绩效	能够快速地选择合适的总承包模式
2			质量和功能方面与预期相比
3			工期方面与预期相比
4			成本方面与预期相比

4.3.1 研究假设的提出

针对总承包模式在国际上应用的广泛性，国外一些学者对总承包模式成功实施的关键影响因素进行了深入研究，并进一步探索了其与项目实施绩效之间的影响关系。1998 年，Molenaar 等人在对 122 个案例进行分析的基础上，首次构建了总承包项目特征与项目实施绩效（成本偏差、费用偏差、与使用者预期的相符程度、行政负担、业主满意程度）之间关系的线性回归模型。随后，Chan、Ling、Han 和 Lam 等学者通过文献研究或实地调查的方式，获取 DB 总承包项目的关键成功因素集与项目实施绩效指标，通过构建多元回归模型对 DB 总承包模式关键成功因素与项目实施绩效进行实证研究。在他们的研究中，部分关键成果因素与本文划分的环境维度因素相同，具体如表 4-4 所示。

关键成功因素与环境维度对应关系　　　　表 4-4

研究者	参考文献关键成功因素→本书环境维度
Molenaar 等[152]（1998）	承包商能力→JSE（总承包商能力） 参与各方的诚信→SCE（诚信状况） 招标前能明确项目要求、项目管理模式的选择→QYE（建设单位熟悉程度）
Chan 等[22]（2001）	参与各方的信任状况→SCE（诚信状况） 承包商能力→JSE（总承包商能力） 业主在招标前对项目有明确认识→QYE（建设单位熟悉程度）
Ling 等[38]（2004）	招标前对项目有明确界定→QYE（建设单位熟悉程度） 参与投标者数量→CYZ（总承包商数量） 咨询机构能力→JSE（咨询机构能力） 承包商的人员素质→JSE（总承包商能力）
Han 等[153]（2007）	承包商的能力与经验、联合企业之间的关系、劳动者技能→JSE 竞争水平→SCE（市场竞争状况）
Lam 等[154]（2008）	承包商设计顾问能力→JSE（咨询机构能力） 政策环境、社会环境、经济环境

可见，总承包商能力、咨询机构能力等总承包模式决策环境因素是总承包项目成功实施的关键因素，它们将对项目的实施绩效产生一定影响。再者，探索决策环境与创新绩效之间关系是当前研究的热点之一，Damanpour[155]（1991）认为创新可以是一种新的产品或服务、一种新的流程技术或管理系统，从这个观点来看，总承包项目管理模式可以视为一种创新类型，因而可借助环境体系对创新绩效作用机制的创新要素论及创新效率论来解释。根据创新要素理论，决策环境作为企业创新的一个基本要素，可以对总承包决策绩效产生直接影响；决策环境通过提供总承包所需要的各种关键资源，如总承包商人才、总承包相关知识、总承包参与单位等，使总承包模式得以顺利实施，反之，当环境不具备这些必要条件时，将不利于提高总承包模

式的实施绩效。根据创新效率理论，环境体系将会影响企业对资源的利用效率，当建设单位对总承包模式有清楚的认识且有完善的决策流程与方法，良好的环境基础（足够多数量的参与者、参与者能力等）能够使建设单位总承包模式实施取得更高的绩效。本文将影响总承包模式决策绩效的环境因素划分为7个潜在变量，如表4-2所示。因此，按照以上所述，本文提出以下假设：

H1：国外企业参与及总承包模式示范作用对总承包决策绩效有正向影响；

H2：总承包知识成果及参与者能力对总承包模式决策绩效有正向影响；

H3：总承包参与者数量对总承包模式决策绩效有正向影响；

H4：政府推广对总承包模式决策绩效有正向影响；

H5：建设单位的态度与熟悉程度对总承包模式决策绩效有正向影响。

对于决策环境之间的相互影响关系，通过与专家学者以及有丰富实践经验的建筑业从业人员的多次讨论，本文提出以下假设：

H6：国外企业参与及总承包模式示范作用对总承包政策法规有正向的影响；

H7：国外企业参与及总承包模式示范作用对政府推广有正向的影响；

H8：总承包参与者数量对建设单位的态度与熟悉程度有正向的影响；

H9：市场诚信与竞争状况对总承包参与者数量有正向的影响；

H10：总承包政策法规对总承包参与者数量有正向的影响；

H11：总承包政策法规对市场诚信与竞争状况有正向的影响；

H12：总承包政策法规对建设单位的态度与熟悉程度有正向的影响；

H13：政府推广对总承包知识成果及参与者能力有正向的影响；

H14：政府推广对建设单位的态度与熟悉程度有正向的影响。

4.3.2 理论模型构建

综上所述，决策环境对总承包决策绩效的相互影响关系概念模型如下图所示。

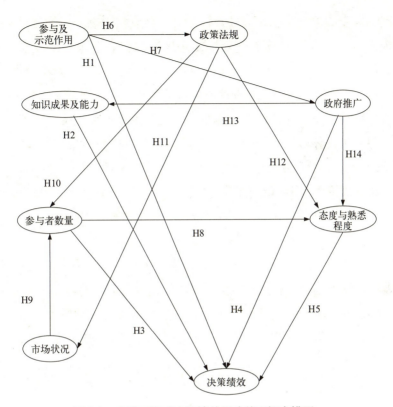

图 4-3 决策环境对决策绩效影响关系概念模型

4.4 问卷设计与数据收集

4.4.1 调查问卷设计

调查问卷主要分为两个部分(详见附录2),第一部分为受访者的基本信息,包括职业、教育程度、工作年限等,以衡量受访者的专业背景、经验等。第二部分为观测变量的测量,包括总承包参与者数量、市场诚信与竞争状况等7个潜在变量及决策绩效共25个指标。

4.4.1.1 问卷设计原则

总承包项目管理模式决策绩效环境影响因素机理分析所需要数据无法从企业或政府公开的各种资料中获取,因此主要采用问卷调查的方式。问卷设计是问卷调查的关键步骤,问卷设计的好坏将直接影响分析的结果,问卷设计的缺陷也可能导致后续数据分析、深度挖掘变成毫无意义。本研究在问卷设计的过程中,综合考虑了风笑天(2009)[156]、李俊(2009)[157]、钟柏昌(2012)[158]等学者提出的问卷设计原则:

(1)系统性。问卷设计的过程中,首先假设决策环境将对决策绩效产生影响,并将决策环境分为国际环境、技术环境、社会环境、政策环境和内部环境5个维度,进而细分为总承包参与者数量、市场诚信与竞争状况等7个指标,建立决策环境影响因素指标体系,然后根据指标体系来设计单个问题。在拟定整体框架的情况下设计问题,遵循由整体到部分的思想。

(2)科学性。问卷的测量项目需要充分借鉴前人的研究成果,以构建合适的变量度量指标。在问卷设计初始,通过大量阅读与本研究相关的文献,尚未发现与总承包项目管理模式决策或决策绩效的影响因素直接相关的研究,而部分学者对影响总承包项目管理模式推广,阻碍总承包项目管理模式发展的原因进行了分析,这些因素也正是影响总承包项目管理模式决策的影响因素,本文参考并采用了其中认可度较高的测量指标;并在此基础上向导师和有经验的老师们请教、与同方向的研究生讨论,初步确定观测变量指标。

(3)清晰性和简单性。在保证能通过问题获得必要信息的情况下,尽量简化题目的描述,减少问卷篇幅,避免使用模糊的、太专业的词汇,以免使受访者产生为难情绪。

(4)规范性。问卷的设计符合一般研究的规范,在问卷开头交代了调查的目的、对调研数据的保密性、作答方式等,并对必要的词语进行解释。如本研究设计的是"总承包项目管理模式",当前建筑行业广泛采用了施工总承包,为免业界人士将这两个概念等同,在问卷开头对这个情况进行说明。

4.4.1.2 问卷设计的流程

本研究的问卷形成主要经过以下四个步骤:

第一,在问卷设计之前对涉及总承包项目管理模式决策或影响总承包项目管理模式推广的相关研究进行收集和研读,对所涉及的可能影响总承包项目管理模式决策绩效的影响因素进行分析和归类,构建了决策环境的五个维度体系及测量指标初选因素集,据此初步完成调查问卷初稿。

第二，开展讨论会，对所列测量指标进行测评，收集修改意见；根据所收集的意见对调查问卷的测量指标，用词等进行修正，形成初步调查问卷；

第三，邀请建筑行业企业工作人员对问卷进行试填，根据调研的反映对选定的 23 个决策环境观测指标进行筛选，删掉其中"总承包模式社会认可程度"、"建筑行业相关协会工作对总承包作用"两项，最终确定 21 项指标；

第四，根据预调研反映的问题对问卷进行修正，形成正式调查问卷。

4.4.1.3 变量的测量

本研究的调查问卷都为定性问题，其测量主要采用李克特（Likert）5 点量表法，被调查者根据自身的实践或行业经验对问题进行回答，按照重要性程度从高到低分别用 1、2、3、4、5 的分值来表示，如"5= 非常同意，4= 同意，3= 一般，2= 不同意，1= 非常不同意。"

4.4.2 问卷的发放与回收情况

本研究的问卷调查采用了网页、E-mail 以及发放纸质问卷的方式。通过天津水泥设计院、广州建筑集团有限公司、中国第四工程有限公司、广东火电、广州华隧股份等企业及一些建筑行业政府机关、科研单位从业人员发放问卷。调研工作主要分为两个阶段，第一阶段为预调研阶段，发放问卷 30 份，根据反馈的意见，对问卷的表述以及观测变量问题的设计进行修改，删除掉两个问题；随后进行正式的调研，两个阶段共发出问卷 320 份，回收问卷 283 份。

4.5 调研数据前期分析

4.5.1 调研样本概况

为了确保获得数据的可靠性，对回收的 283 份问卷进行筛选，删除漏填选项及进一步甄别，得到有效问卷 244 份，有效回收率为 76.25%。鉴于本研究的特殊性，对调研对象的要求较高，因此考虑将虽未参与过总承包项目，但在建设行业有丰富经验的人员（6 年以上、管理者）也纳入到调研对象中来，在问卷中也设定了是否参与过总承包项目的题目,从有效问卷的结果来看,表示参与过总承包项目的占到66.39%,所以预期调研样本能够满足研究的需要,其他统计结果如表4-5所示。从表中可以看出,调研的对象主要来自建筑领域的人员,占到84.43%。工作年限在3年以上的达到73.33%,基层管理者及以上级别的为64.34%,这表明调研对象具有较为丰富的工作经验且较多担任了管理者的角色,预期能对总承包模式的实施过程及相关情况有较好的理解和把握。

调研样本基本信息表　　　　表4-5

	类别	频数	百分比
职业	建筑领域企业职员	206	84.43%
	科研人员	14	5.74%
	相关政府部门公务人员	24	9.84%
学历	大专及以下	63	25.82%
	本科	145	59.43%
	硕士（包括在读）	30	12.3%
	博士（包括在读）	6	2.46%
工作年限	≤3年	64	26.23%
	3~6年	58	23.77%
	6~10年	83	34.02%
	10~15年	32	13.11%
	>15年	7	2.87%
职务	高层管理者	10	4.10%
	中层项目管理人员	51	20.90%
	基层管理人员	96	39.34%
	一般员工	82	33.61%
	其他	5	2.05%
单位	业主单位	116	47.54%
	咨询服务单位	12	4.92%
	施工单位	89	36.48%
	政府主管部门	15	6.15%
	设计单位及其他	12	4.92%

4.5.2 总承包决策环境与决策绩效效度检验

效度分析是指实证测量能够在多大程度上反映所需测量的事物。本文采用探索因子分析的方法，对问卷中各潜在变量分量表进行结构效度分析，采用 KMO 检验和 Bartlett's 检验，并将旋转后因子荷载小于 0.5 的因子删去。通常认为 KMO 系数的最低接受标准为 0.5，越接近于 1 说明数据越适合做因子分析；Bartlett's test 值较大，且其对应的相伴概率小于设定的显著性水平（小于 0.01），则认为比较适合做因子分析[159]。对调研样本各分量表分别进行因子分析，得到结果如表 4-6 所示。

各分量表因子分析参数及荷载明细　　　　表 4-6

代码	潜在变量	题项	KMO	Bartlett's	因子荷载
Gje_1	GJE	国外总承包模式应用的示范作用	0.638	0	0.757
Gje_2		国外咨询机构的参与			0.791
Gje_3		国外总承包企业的参与			0.719
解释总方差					57.151%
Jse_1	JSE	咨询机构的服务能力	0.623	0	0.674
Jse_2		总承包商的能力			0.796
Jse_3		总承包模式相关理论与实践研究成果的作用			0.791
解释总方差					57.127%
Cyz_1	CYZ	符合条件的总承包商的数量	0.652	0	0.774
Cyz_2		符合条件的咨询服务机构的数量			0.826
Cyz_3		总承包人才的数量			0.749
解释总方差					61.403%
Sce_1	SCE	参与单位的企业诚信状况	0.500	0	0.848
Sce_2		市场竞争环境			0.848
解释总方差					71.839%
$Zcfg\_1$	ZCFG	企业诚信评价与诚信监管平台的作用	0.740	0	0.792
$Zcfg\_2$		适用于总承包模式的建设项目审批程序			0.794
$Zcfg\_3$		适合于总承包模式的招投标、计价、评标办法			0.714
$Zcfg\_4$		完善的总承包企业资质管理体系			0.662

续表

代码	潜在变量	题项	KMO	Bartlett's	因子荷载
解释总方差					55.143%
Zftg_1	ZFTG	政府对总承包模式的宣传与扶持	0.500	0	0.848
Zftg_2		总承包人才培养与人才引进政策			0.848
解释总方差					71.947%
Qye_1	QYE	对不同总承包模式的熟悉程度	0.729	0	0.744
Qye_2		招标前能明确提出项目的要求			0.677
Qye_3		认同总承包模式可能会带来较高的投标报价			0.703
Qye_4		有完善的总承包模式决策方法与流程			0.774
解释总方差					52.615%
Jx_1	JCJX	能快速地选择合适的总承包模式	0.776	0	0.807
Jx_2		选择总承包模式能够节省项目成本			0.833
Jx_3		选择总承包模式能够缩短项目工期			0.703
Jx_4		选择总承包模式能够提高项目质量			0.807
解释总方差					62.261%

从上表可看出，各分量表 KMO 值与 Bartlett's 值均满足要求，且各因子的荷载均大于 0.5，所有量表都获得通过。

4.5.3 总承包决策环境与决策绩效信度检验

信度即可靠性，在这里是测量数据的一致性和稳定性程度。本文采用最常用的克朗巴哈 α(Cronbach's α)系数进行检验。对于检验系数 α 的衡量标准，学者们有不同的见解。多数学者认为 α 系数应该在 0.8 以上，才能代表最佳信度。也有学者提出了不同意见，如 Cuiford (1965) 指出，α 系数在 0.35 到 0.7 之间，代表了中信度，达到 0.7 以上属于高信度；也有学者 Nunnally (1978) 提出 α 系数的判别标准可以随着量表题目的数量做相应调整，当题项数目小于 6 个时，α 系数可降低至 0.6，更少的题项数，α 系数可低至 0.5 以上[160]。

各分量表信度分析　　　　　　　　　　表 4-7

潜在变量	题目数	Cronbach's α 值	信度等级
GJE	3	0.625	中
JSE	3	0.622	中
CYZ	3	0.683	中
SCE	2	0.608	中
ZCFG	4	0.726	高
ZFTG	2	0.610	中
QYE	4	0.702	高
JSE	4	0.797	高

如上表所述，各分量表 Cronbach's α 值介于 0.610～0.797 之间，有较高的可信度，适合进一步分析。

4.6 总承包模式决策绩效与决策环境影响因素模型拟合

4.6.1 验证性因子分析

验证性因子分析（Confirmatory Factory Analysis，CFA）可用于检验一组测量变量与一组可以解释测量变量（即潜变量）的因素之间的关系，属于结构方程模型（SEM）的一个次模型，也是整合性 SEM 分析的一个前置步骤。本文采用 Amos 17.0 版软件，采用最大似然法对计量模型进行验证性因子分析，获得验证性因子分析结果如图 4-4 所示。

验证性因子分析结果显示，大部分的测量指标负载值超过 0.5，且各测量指标协方差标准误都比较小，达到显著水平。模型拟合的适配度较好，模型修正系数中存在着一些可以修正的共线关系，见表 4-8。

修 正 系 数 表　　　　　　　　　　表 4-8

			M.I.	Par Change
e17	<-->	e21	14.100	−0.107
e4	<-->	e8	11.274	0.121

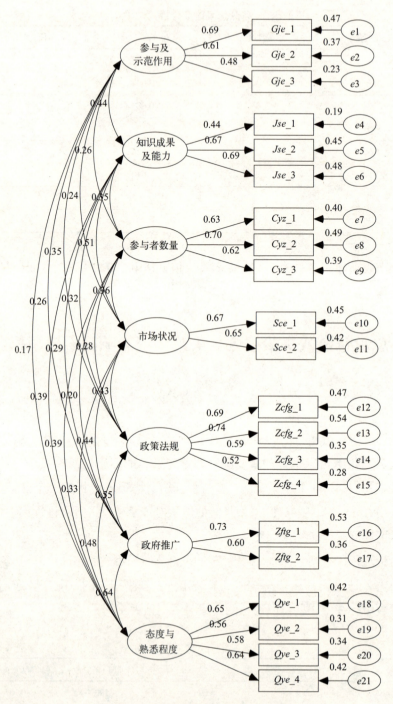

图 4-4 决策环境验证性因子分析模型

102

表 4-8 中，如第二行数据，表示测量误差 e4 与测量误差 e8 间的共线关系，如果将这两个变量误差变量释放，可以减少卡方值 11.274，其意义是潜在变量 JSE 的测量指标 Jse_1 与潜在变量 CYZ 的测量指标 Cyz_2 所测量的某些特质可能类同，因而两个测量指标的测量误差可能存在某种程度的关联，在进行修正时，需要按照 MI 值以及 Par Change 的大小判断修正的顺序，一次拟合模型修正一个共线关系。文献 [160] 中指出，一般当 MI 值大于 5 时，就有修正的需要，然而模型的修正要遵循 SEM 的基本假定，再者模型的修正需要考虑现实意义以及模型简单化原则。综合考虑以上因素，本研究并不对模型进行修正，模型拟合参数如表 4-9 所示。

表 4-9 决策环境验证性因子分析结果

模型拟合程度指标	适配标准	指标值
卡方值 (χ^2)		285.0
卡方自由度比 (χ^2/df)	<2	1.697
增值适配指数 (Incremental Fit Index) IFI 值	>0.9	0.893
非规准适配指数 (Non-normed Fir Index) TLI 值	>0.9	0.862
比较适配指数 (Comparative Fit Index) CFI 值	>0.9	0.889
良适性适配指标 (Goodness-of-Fit Index) GFI 值	>0.9	0.904
调整后良适性适配指标 AGFI 值 (Adjusted Goodness-of-Fit Index)	>0.9	0.868
近似均方根误差 RMSEA 值 (Root Mean Square Error of Approximation)	<0.08 良好	0.054

各潜在变量之间验证性因子分析结果显示，大部分测量指标的路径系数都超过 0.5，且达到显著水平，模型卡方值较小，近似均方根误差值 RMSEA=0.054 小于 0.08，其余适配度指标也比较满足要求，说明模型拟合效果较好。

4.6.2 结构方程模型拟合与检验

从图 4-5 中，可以看出，参与及示范作用（GJE）与决策绩效之间的路径系数为负值，从图形所显示意义，即 GJE 的变量（国外总承包的示范作用、国外总承包企业、咨询单位的参与程度）增加 1 个单位时，决策绩效将相应地减少 0.14 个单位，显然这与显示情况不相符。从图形中可以看到，其他路径系数均为正数，查看模型的参数，发现 GJE 与 ZCFG 之间的关系显著。因而，可以推断 GJE 并不能直接影响总承包模式的决策绩效，而是通过 ZCFG、ZCFG 间接作用于决策绩效，故将"GJE → JCJX"之间的路径删除，重新拟合模型，得图 4-6。

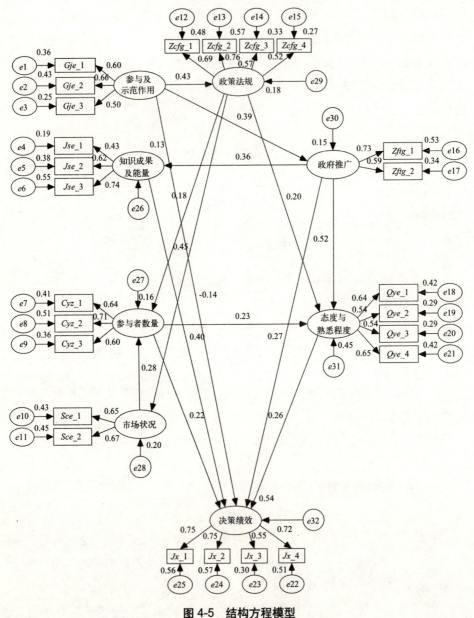

图 4-5　结构方程模型

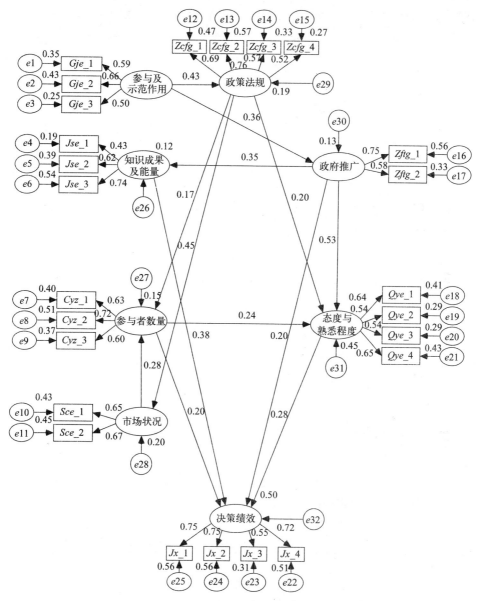

图 4-6 结构方程模型（修正）

本文选择了 7 项指标检验结构方程模型的拟合程度。如果卡方自由度比小于 2，则表示模型拟合程度良好，IFI、TLI、GFI、AGFI、CFI、RMSEA 指标的值介于 0～1 之间，指标值越大代表模型拟合程度越高，当大于 0.9 时，表示模型的拟合程度较高，而对于社会科学研究而言，当 AGFI 值大于 0.8 时，也表示拟合程度较高。根据表 4-10 显示，虽然部分指标不能严格地满足要求，但都与临界值较为接近，且 $AGFI=0.860>0.8$，满足要求，因此可以认为假设模型与数据的拟合程度较好。

结构方程模型拟合分析结果　　　　　　　　　　　表 4-10

模型拟合程度指标	适配标准	指标值
卡方值（χ^2）		489.2
卡方自由度比（χ^2/df）	<2	1.874
增值适配指数（Incremental Fit Index）IFI 值	>0.9	0.852
非规准适配指数（Non-normed Fir Index）TLI 值	>0.9	0.824
良适性适配指标（Goodness-of-Fit Index）GFI 值	>0.9	0.847
调整后良适性适配指标 AGFI 值（Adjusted Goodness-of-Fit Index）	>0.9	0.872
比较适配指数（Comparative Fit Index）CFI 值	>0.9	0.840
近似均方根误差 RMSEA 值（Root Mean Square Error of Approximation）	<0.08 良好	0.060

4.7 本章小结

4.7.1 研究假设检验

根据图 4-6 结构方程模型拟合路径系数及相应显著性程度的情况，对研究假设进行检验，所得结果如下表所示：

研究假设检验结果　　　　　　　　　　　表 4-11

	研究假设	验证结果
H1	国外企业参与及总承包模式示范作用对总承包决策绩效有正向影响	不支持（删除）
H2	总承包知识成果及参与者能力对总承包模式决策绩效有正向影响（0.38）	支持
H3	总承包参与者数量对总承包模式决策绩效有正向影响（0.20）	支持
H4	政府推广对总承包模式决策绩效有正向影响（0.20）	支持
H5	建设单位的态度与熟悉程度对总承包模式决策绩效有正向影响（0.28）	支持
H6	国外企业参与及总承包模式示范作用对总承包政策法规有正向的影响（0.43）	支持

续表

	研究假设	验证结果
H7	国外企业参与及总承包模式示范作用对政府推广有正向的影响（0.36）	支持
H8	总承包参与者数量对建设单位的态度与熟悉程度有正向的影响（0.24）	支持
H9	市场诚信与竞争状况对总承包参与者数量有正向的影响（0.28）	支持
H10	总承包政策法规对总承包参与者数量有正向的影响（0.17）	支持
H11	总承包政策法规对市场诚信与竞争状况有正向的影响（0.45）	支持
H12	总承包政策法规对建设单位的态度与熟悉程度有正向的影响（0.20）	支持
H13	政府推广对总承包知识成果及参与者能力有正向的影响（0.35）	支持
H14	政府推广对建设单位的态度与熟悉程度有正向的影响（0.53）	支持

4.7.2 研究结论

（1）"国外企业参与及总承包模式示范作用"并不直接对总承包决策绩效产生影响，而其与"总承包政策法规"、"政府推广"有正向的影响关系，这也说明我国应该根据当前国外总承包进展适时地调整和制定我国总承包政策及推广措施，为总承包制度的开展提供有利条件，促进总承包决策的绩效。

（2）根据假设检验 H2～H5,可以看出"总承包知识成果及参与者能力"、"总承包参与者数量"、"政府推广"和"建设单位的态度与熟悉程度"对"总承包模式决策绩效"均有正相关影响，从路径系数的大小来看，"总承包知识成果及参与者能力"对"总承包模式决策绩效"的影响系数最大（0.38），可见总承包参与者的能力是总承包模式取得良好绩效的关键因素，政府对总承包的推广措施（人才引进、对总承包的扶持等）能够促进总承包参与者能力的提升；"建设单位的态度与熟悉程度"的影响次之（0.28），建设单位对总承包模式的态度及不同总承包模式的熟悉程度及良好的总承包决策流程与方法也将对总承包模式的决策绩效产生重要影响。

（3）建设单位对总承包模式的认识和熟悉程度会受到"社会总承包参与者数量"、"总承包政策法规"和"政府对总承包推广"三个方面的影响，而其中"政府对总承包推广"的影响关系最为有效，这反映了政府的推广政策在深化企业对总承包的认识及总承包的接受程度方面起到了积极的作用，为提高总承包模式的实施绩效,政府应该在未来从更多层次、宽领域的角度继续实施总承包推广的措施。

(4) 良好的建筑市场诚信状况和竞争秩序将使得承包商、咨询机构尝试提供总承包服务,而建筑市场诚信与竞争秩序很大程度上需要依靠政策法规的约束和监管;再者,适应于总承包的法律和政策法规也将使越来越多的企业、咨询机构、工程领域人才积极参与到总承包服务中来。

第5章

总承包工程交易模式 UMADM 属性

5.1 国外工程交易模式决策属性分析

工程交易模式的选择是整个项目全寿命周期中的一个重要环节，在工程实践中所发生的工程超支、工期拖延以及工程质量不合格等现象的部分原因可追溯到工程开展初期不合理交易模式的选择方面[161]。西方国家政府非常关注政府工程项目采购的公平性及采购的效率，为了获取政府投资的最大效益，保证政府采购设施能有效地提供公共服务，美国、英国、澳大利亚、挪威等西方国家政府或机构从投资项目的全寿命周期角度出发制订了政府投资项目的采购方法指南。如何选择合适的工程交易模式是这些指南所重点阐述的内容之一。

5.1.1 CII 工程交易模式决策属性

CII 于 2003 年开发了一个面向所有工程项目类型的基于电子表格的采购路线选择辅助工具 PDCS，该工具的目标在于为业主在项目初期制定采购战略时提供决策帮助。根据 PDCS 的工作机制，工程交易和合同战略最重要的因素在于两个方面，即主要合同主体间的契约关系以及设计、采购和施工三个阶段的顺序。

PDCS 设置了 20 个不同的决策属性，其中 5 个属性与项目成本相关，3 个属性与项目工期相关（表 5-1）。业主需要从这 20 个属性中选择出他们认为重要的属性，并为选中的属性分别设置权重。PDCS 通过分析，从设定的 12 种工程交易模式中选择出 3 种交易模式，供业主从中选择最合适交易模式做出最终决策[162]。

5.1.2 OGC 工程交易模式决策属性

5.1.2.1 OGC 采购模式与 PDMs 的关系

基于充分发挥政府资金的最佳效益的目的，英国商务部（Office of Government Commerce，OGC）于 2003 年针对政府投资项目发布了《Construction Procurement Guidance Notes》，后又根据业主在实施"实现卓越建筑业"倡议中的采购经验于 2007 年将其改版为《Achieving Excellence in Construction Procurement Guide》，以指导政府业主通过提高资金获取能力和标准来改进资金价值。该指南的第六部分《Procurement and contract strategies》推荐了确定合适采购路线以获取资金最佳效益的标准、步骤和方法。该指南认为政府项目采购不应把设计、建造、操作和维修来分开考虑。项目设计者、建设者和专业的供应商在一个综合团队中共同努力是实现卓越建筑业的最有效途径，因此，一体化的采购方法是政府项目采购的最佳路线。

CII 设置的工程交易模式决策属性　　　　　　表 5-1

属性序号	决策属性描述	决策属性（目标说明）	决策属性（度量说明）
1	预算内完工是项目成功的关键	控制成本增长	不同交易方式对于项目成本增长的控制有效性
2	成本最小化是项目成功的关键	确保成本最小化	不同交易模式对于确保最低合理成本的控制有效性
3	业主项目资金流是有限的	拖延或最小化资金开支率	不同交易模式对于拖延或最小化资金开支率的有效性
4	业主对于尽早确定成本数据的需求，以便进行财务规划和业务决策	项目早期成本估算	不同交易模式对于项目早期成本估算的有效性
5	业主承担最小的项目财务风险	降低风险或转移给承包商	不同交易模式对于降低风险或把高水平的成本和工期风险转移给承包商的有效性
6	按期完工对于项目成功极为关键	控制工期拖延	不同交易模式对于控制项目工期拖延的有效性
7	尽早完工是项目成功的关键	确保工期最短	不同交易模式对于控制最短的合理项目工期的有效性
8	对于主导设备或材料开展早期采购是项目成功的关键	开展早期采购	不同交易模式对于主导设备或材料开展早期设计或采购的有效性
9	项目执行过程中超过正常水平的变更的期望	便于变更	不同交易模式对于在详细设计和施工阶段关于变更项目范围的方便程度
10	项目执行过程中低于正常水平的变更的期望	有效利用预期中的低水平变更	不同交易模式对于有效利用预期中的低水平变更的有效性
11	对于项目的商业或设计细节的保密是项目成功的关键	项目保密	不同交易模式对于保护商业秘密和专有技术的有效性
12	项目所在地的资源条件有利于项目实施	利用熟悉的项目资源条件	不同交易模式对于利用熟悉的项目条件的有效性

续表

属性序号	决策属性描述	决策属性（目标说明）	决策属性（度量说明）
13	业主愿意高程度地影响或控制项目实施	业主控制效率最大化	不同交易模式对于提高业主设计和施工管理角色的有效性
14	业主愿意在项目实施中大量使用自己资源	业主参与程度最大化	不同交易模式对于降低业主设计和施工管理角色的有效性
15	业主愿意在项目实施中较少使用自己资源	业主参与程度最小化	不同交易模式对于降低业主设计和施工管理角色的有效性
16	在签署设计与/或施工合同时能够很好地定义项目特征	利用项目边界强定义	不同交易模式对于在签署设计与/或施工合同之前进行项目边界强定义的有效性
17	在签署设计与/或施工合同时不能够很好地定义项目特征	有效利用项目边界弱定义	不同交易模式对于在签署设计与/或施工合同之前进行项目边界弱定义的有效性
18	业主期望对项目实绩负责的合同主体数量最少	合同主体数量最小化	不同交易模式对于减少直接与业主签署合同的主体数量的有效性
19	项目设计、设备或施工是复杂的、具创新性的或非标准的	有效地协调项目复杂性或创新性	不同交易模式对于非标准项目设计、设备或施工进行协调与管理的有效性

  OGC 认为采购路线决定采购战略，其中包括如何以更好满足业主需求为中心的合同战略。把设计、施工、运营和维护作为一个整体进行考虑并确保供应团队作为一个整体进行工作的采购路线即为一体化的采购路线。OGC 所界定的一体化采购模式包括 PFI（Private Finance Initiative）、Prime Contracting 和 Design & Build 三种模式。由此可见，OGC 所谓的采购模式在本质上类似于本文的工程交易模式（PDMs）。

5.1.2.2　OGC 建议的采购战略属性

  OGC 建议在制定采购战略时要考虑如表 5-2 所示的五项属性[163]。

  在具体应用时，表 5-2 所示的属性可以进行扩展以适应不同类型的项目。在《Procurement and Contract Strategies》给出的一个案例中，OGC 所推荐的采购与合同战略决策过程被推广到 D-B-B、D-B、DBM（Design, Build & Maintain）、DBMO（Design, Build, Maintain & Operate）、Prime Contracting 五种采购模式的选择中，该案例所涉及到的决策属性包括：

OGC 设置的工程交易模式决策属性 表 5-2

序号	属性
1	项目目标,如项目规模等
2	制约因素,如预算和资金,设施交付时间表,退出战略等
3	文化因素,如支持用户使用的最好工作环境
4	风险,如工程延期、工程材料创新应用等
5	业主管理此类型项目的能力

(1) 供应商提高建造、维护和运营资金成本效率的创新机会。

(2) 减少争端,即满足公共需求而导致的项目干扰最少。

(3) 全寿命费用的确定性。

(4) 适应将来业主需求和工期变化的灵活性。

(5) 项目交付(或业主首次使用)的速度。

(6) 在给出了详细的项目规格要求以后,业主对详细设计和设计质量控制的参与程度。

(7) 业主对于全寿命周期内健康和安全控制的参与程度。

(8) 通过合同单一性减少纠纷和内部成本的可能性。

(9) 优化全寿命成本需求的实现可能。

以上属性对于业主及其评估专家的知识水平具有较高的要求,OGC 针对这些要求建议业主在选择采购路线的时候应具备以下能力:

(1) 能够对需求做出清晰定义。

(2) 了解基于全寿命价值的市场情况和谈判技术。

(3) 知道市场运作规律,收集市场情报,并定期进行市场调研。

(4) 知道市场主要参与者,与其建立行之有效的工作联系并了解专业供应商。

(5) 制定关于特定供应商和建筑市场相关信息的有效建设和共享机制,为更好的决策提供信息基础。

5.1.3 ANAO 工程交易模式决策属性

鉴于越来越多的私人供应商参与到政府投资项目中来,澳大利亚国家审计署（Australian National Audit Ofice，ANAO）认为有必要编制一份指南以帮助政府机构提高合同协商与管理能力，因此于2005年发布了《Developing and Managing Contracts》，并于2007年对其做了改版，以促使政府采购达到"付出正确价格，获取正确产出"的目标[164]。

ANAO认为合适的采购模式及其价格和项目风险之间存在必然的联系，对于核心商务越重要的项目，业主所要面临的风险就越高，因此采购模式的选择取决于其不同合同框架所导致的项目风险的大小。

在《Developing and Managing Contracts》给出的一个案例中，ANAO设定了23个合同风险评估属性，其中21个赋予了含义的具体属性，2个待定属性，供业主根据采购的实际情况决定。21个具体属性中包括：

（1）4个战略性质的属性：战略意义；政治意义；对澳大利亚政府的影响深度；对股东和用户的影响。

（2）9个业主偏好性质的属性：项目需求或规格的确定性和清晰程度；需要的创新程度；实施日期的灵活性；安全要求；业主/客户对该项目的支持程度；业主/客户对项目参与管理的程度；主要决策者或用户领域的数量；项目投资合伙人对项目的承诺；合同签订后更换是否容易变更供应商。

（3）3个项目特性的属性：项目期限；项目价值；项目地理位置。

（4）3个供应商特性的属性：供应商的经验；供应商的技术力量；供应商选择分包商的独立性。

（5）2个采购模式特性的属性：采购模式的复杂性；项目不同阶段的搭接程度。

决策者使用"低"、"中"、"高"三种评价标准对各属性做出评估，以此作为判定合同风险的依据并决定选择何种采购模式。

5.1.4　NBBL工程交易模式决策属性

挪威Boligbyggelags协会（Norske Boligbyggelags Landsforbund，NBBL）联合挪威建筑及物业管理协会（Norges Bygg og Eiendomsforening，NBEF）以及商业协会（Foreningen Næringseiendom，EN）合作的研究项目Byggherren i Fokus（BiF）开发了一个基于互联网的工具，用于协助业主在项目开发时选

择合适的采购路线。根据 BiF 的描述，采购路线包括采购模式、合同类型和补偿格式三方面内容。

业主通过 BiF 开发的工具，在回答了软件提出的多个问题后，该软件会向业主建议一条项目采购路线。首先，业主在软件所提出的 5 个选项中选择出他认为最为重要的一个属性：投资成本、生命周期成本、成本风险、进度风险、质量风险。然后，业主要回答 27 个关于项目具体特征的问题。最后软件根据业主的偏好和项目的具体特点通过综合分析，提出合适的采购路线[161]。

5.2 总承包工程交易模式决策属性初选

5.2.1 决策属性初选原则

与发达国家相比，我国建筑业工程总承包市场的发展还有较大的发展空间。这个现实使得我国建筑业不能完全套用发达国家总承包工程交易模式决策属性的分析结果。本文认为，我国总承包工程交易模式决策属性的确定应遵循以下原则：

（1）以已有研究成果为基础。已有成果是多年来国内外学者的智慧结晶，本研究与已有成果属于同一个范畴的问题，因此将已有成果作为开展本研究的基础与借鉴。

（2）以我国工程总承包市场发展现状为分析环境。如前文所述我国工程总承包市场发展的不足，我国总承包工程交易模式决策过程不能简单套用国外的决策属性和评价指标体系，必须与我国总承包市场发展现状相结合，分析符合我国建筑现实的决策属性和评价指标体系。

（3）以业主利益为立足点。维护并促进业主（用户）的利益是开展工程总承包的出发点和落脚点，分析总承包工程交易模式决策属性也应该从业主的利益出发，选择最合理的交易模式，达到以较少投资、较短工期完成较高质量的工程的目的。

（4）以促进我国工程总承包市场发展为目标。健康的总承包市场环境需要市场各参与方的共同发展与进步，总承包工程交易模式的决策结果应该能够间接促进包括总承包企业在内的各市场参与主体的组织结构、经营活动、诚实守信等；应该能够间接引导建筑业体制改革、市场管理规范；应该能够间接促进市场协作和监督机制环境的健康发展。

（5）以指标体系构建的普遍原则为分析的理论支持。分析我国总承包工程交易模式的决策属性也要坚持全面性、目的性和相对独立性的普遍原则，以此保证所构建指标体系的科学性。

5.2.2 决策属性初选分析

5.2.2.1 工程交易模式决策预设属性集

已有文献对于工程交易模式决策属性的研究在方法上较为丰富，如项目成功影响因素法、工程绩效基准点法、文献综合与比较法等；从研究成果的形式演变来看，工程交易模式决策属性在数量上存在较大的差异，Alhazmi 和 Oyetunji 等早期研究成果所研究并最终确定为评价指标的属性数量多达 20-30 个 [28, 165]，属性含义较微观；而自 2006 年以后，评价指标的数量逐步缩减到 7-12 个，在指标层次上逐步向宏观化发展。但总的说来，已有文献所设计并最终确定为评价指标的属性涉及业主特征、项目特征、设计特征、监管特征、承包商特征、风险、索赔与争端 7 个方面的内容。

在对国外政府或机构工程交易模式决策属性以及已有文献研究成果进行综合的基础上总结出的 38 个决策属性如表 5-3 所示。

工程交易模式决策属性　　　　表 5-3

业主特征	项目特征	设计特征	监管特征	承包商特征	风险	索赔与争端
业主对项目范围的理解	签署承包合同前成本精确估算的可能性	施工中设计变更的潜力	关于竞争性招标的规定	通过实施特定交易模式获取经验的能力	风险管理的改进	设计与施工阶段的索赔和争端
业主对设计的控制程度	缩短工期的可能性	设计质量	理想的合同关系	实施该交易模式的类似工程案例	风险分配	单一责任程度
业主从成本节省中的收益	项目设置严格期限或里程碑	工程造价确定后重新设计的灵活性	监管与法定要求	承包商在设计阶段的投入		利益冲突
业主对项目的参与程度	节省成本的可能性	设计的有效性和可施工性	减少行政人员的法规限制	实施特定交易模式所需要的经验		

续表

业主特征	项目特征	设计特征	监管特征	承包商特征	风险	索赔与争端
业主对特定交易模式的适应性	项目预算		实施该交易模式的经验	施工质量		
业主对创新或开展价值工程的要求	定义项目范围的可能性		资金筹集的法规限制	协调和交流		
业主融资能力	项目的规模与复杂性			对所担任角色的清晰程度		
决策的复杂性	项目所在地的文化特征					

5.2.2.2 总承包工程 PDMs 决策属性类别分析

总承包工程交易模式决策阶段尚未涉及总承包商和设备（材料）供应商的参与，这个阶段主要由业主基于我国工程总承包市场现实条件，为实现项目的目标，借助于咨询人员和决策专家的智慧，根据业主对于项目实施的需求与偏好，从 D-B、EPC 和 Turnkey 三种总承包交易模式中选择最合适的模式进行项目交易。总承包工程交易模式决策属性可归结为以下四个类别：

（1）总承包市场环境类属性。法律法规的完善程度、项目各参与方的市场行为方式及其诚信状况形成了我国总承包工程交易模式决策的外部环境要素。总承包模式下业主对项目的监管程度低于传统工程交易模式，因此业主采用总承包模式进行工程交易的意愿与上述各要素的状况密切相关。一般来说，上述各要素的正向发展会提升业主采用总承包交易模式的动力，上述各要素的正向发展程度越高，业主将越多的工程环节进行发包的意愿越强；反之亦然。

此外，对于按规定必须实施公开竞争性招标的项目而言，法律法规的强制性约束对于一个不成熟的市场采用总承包模式招标的可行性以及所导致的交易成本与交易效率等也是业主必须面对的问题。

（2）项目特征类属性。项目的规模与复杂性越大、项目范围定义越困难，项目实施对专业技术装备、工程经验和管理能力的要求越高。对于大多数非建筑领域的项目业主而言，为了并非经常性发生的事务而配置与之相对应的技术人员与装备，不论在组织结构层面还是在交易成本层面显然都不符合业主的利益。因此，当外部环境为业主提供了足够的实施条件时，业主应该具备采用工程总承包交易模式的愿望。

当建筑市场中存在成功的类似项目时，业主采用工程总承包的愿望会被进一步强化，因为成功的相似案例可以为业主提供项目早期的投资估算、工期确定、质量预期和功能定义的参照。3.2.1小节关于能源化工类项目采用总承包交易模式比例高于其他行业的调查结论为这个结论做了很好的例证。

(3) 业主能力类属性。对于诸如机械、纺织、银行这些非工程领域的项目而言，由于这些项目业主的主要业务并不在于工程建设方面，因此其关于工程建设的技术和管理能力普遍较低；若为了某一个项目而在内部设置相应的岗位和人员，并不符合现代企业机制设计的原理；对于他们而言，一个较好的办法就是在责任关系单一的条件下采取工程总承包模式将全部工程内容发包给一家总承包企业。而对于房地产开发这类内部配备较齐全的工程技术与管理人员的企业来说，其主要技术和管理人员的职责在于按岗位的不同分别从事从工程决策到竣工验收等全系列的项目技术和管理工作，因此在逻辑上他们对于采取总承包的态度应该不如非工程领域的企业积极。这说明业主工程能力对总承包工程交易模式决策有一定的影响，工程能力的大小与工程总承包发包环节的数量呈逆向变化的趋势。

(4) 业主偏好类属性。以较低的投入在较短时间内获取较高质量的符合功能预期的工程项目是我国绝大多数业主进行项目建设的基准目标，但项目投资、工期和质量之间的内在冲突关系导致业主必须根据项目特征及其建设环境的不同在这三个目标中做出取舍，不同建设目标追求必然会引导业主对各种工程交易模式的效率做出比较。因此，进行总承包工程交易模式决策必须搞清业主对于项目实施的偏好。

项目业主的普遍性偏好一方面包括对投资、进度、质量的控制要求，另一方面也包括对于风险分担、纠纷、索赔的态度，还包括业主对设计、设备/材料采购的参与程度的愿望。另外，从促进建筑业全行业发展的角度来看，特别是对于公共性投资的项目，是否有利于促进总承包企业的创新也应该纳入到业主偏好类属性加以考虑。

5.2.3 决策属性初选结果

基于前文分析，初选出 4 类 20 个属性构成我国总承包工程交易模式决策的属性集如表 5-4 所示。

总承包工程交易模式决策预设属性集　　表 5-4

属性类别	序号	决策属性
业主能力	1	业主方的工程技术与管理能力
	2	业主方对于特定交易模式的工程经验
业主偏好	3	业主对项目价格的需求
	4	业主对项目整体进度的要求
	5	业主对项目质量的需求
	6	业主对设计的参与愿望
	7	业主对设备/材料采购的参与愿望
	8	业主对各参与方风险分担的态度
	9	业主对工程纠纷的态度
	10	业主对工程索赔的态度
	11	业主对授标后工程变更的需求
	12	业主对于促进建筑业创新的态度
项目性质	13	项目规模
	14	项目复杂程度
市场条件	15	市场是否已存在类似项目
	16	适合特定交易模式的总承包企业的数量
	17	适合特定交易模式的总承包企业的能力
	18	总承包企业的类似工程经验
	19	总承包企业的普遍市场信誉
	20	法律法规的强制性招标要求对于实施该交易模式的限制

5.3 我国总承包工程交易模式决策属性的确定

5.3.1 确定方法

在5.2.3节初选属性集的基础上，采用市场调查法确定我国总承包工程交易模式决策的属性集。

5.3.1.1 调查目的

我国工程总承包市场发展尚不充分，包括业主、承包商、政府等在内的大部分参与方对其都缺乏深刻的认识，由于总承包工程交易模式的复杂性，项目各参与方对于项目的决策要非常谨慎，在总承包工程交易模式决策阶段应对于其决策属性进行充分研究和证实。通过调查与分析，在立足于我国建筑业发展现状的基础上，达到认识符合我国工程总承包市场发展现实的总承包工程交易模式决策的主要属性的目的，为进一步研究总承包工程交易模式决策提供基础条件。

5.3.1.2 调查步骤

调查步骤如图5-1所示。

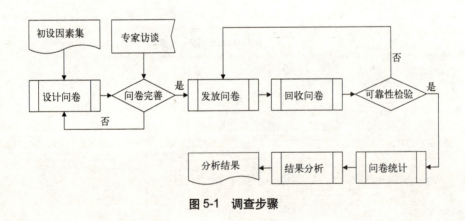

图5-1 调查步骤

5.3.1.3 调查方法

在调查方法上，除采用前文述及的文献资料调研外，还采用了访谈调查和问卷调查的办法。

（1）访谈调查。通过走访、E-mail 和电话交谈等多种方式，征询来自建设主管部门、投资机构、项目业主、咨询企业等部门专业人士对于调查问卷的意见。受访专家未提出新的决策属性的补充意见，但对调查表中决策属性的语言描述和排列顺序提出了修改建议。经访谈调查，根据初步设定的决策属性集设计的调查表得到了完善。

（2）问卷调查。确定了问卷设计的内容以后，通过 E-mail、电话交谈、传真、委托调查、建筑工程有形交易大厅随机调查等多种方式，在全国范围内广泛征询各方面人员意见。

5.3.1.4　调查内容

调查的主要内容有：专家简况、影响总承包工程交易模式决策的主要属性，详见附录 3。

（1）专家简况。要求问卷作答者提供其工作地点、从业部门、年龄、职称、从业年限等信息，以便从不同角度对调查结果进行分析。

（2）总承包工程交易模式决策属性。根据 5.2.3 节的分析结果列出了 20 个初步设定的属性。使用 1-5 标度法对每个属性按其对总承包工程交易模式决策的影响程度分为五个等级：4 表示非常重要，3 表示比较重要，2 表示一般重要，1 表示轻微重要，0 表示不重要。由应答者基于专业工作经验和个人判断对每个预设属性做出评价。

5.3.1.5　问卷反馈情况

共发放问卷 180 份，收回问卷 118 份。为保证调查结果的可靠性，一方面对回收的问卷进行筛选，去除了应答结果明显不客观的问卷（如全部属性的重要性均选择同一级别的问卷）和部分属性重要性级别有缺失的问卷；另一方面从本地的调查对象中选择出 6 位专家进行了二次检验性调查，经对反馈结果的分析，与上一次调查结果相同的选项达 82.5%。

经筛选得到有效问卷 105 份。从反馈的结果来看，调查地域主要集中在北京、广东和上海等地，调查对象涉及政府、投资与开发、工程咨询（监理、设计、高校、咨询）、建设（施工、材料设备供应及安装）等多领域多部门，绝大多数属于中高级职称；年龄分布在22～52岁之间；从业年限分布在1～30年之间。如图5-2～图5-5所示。

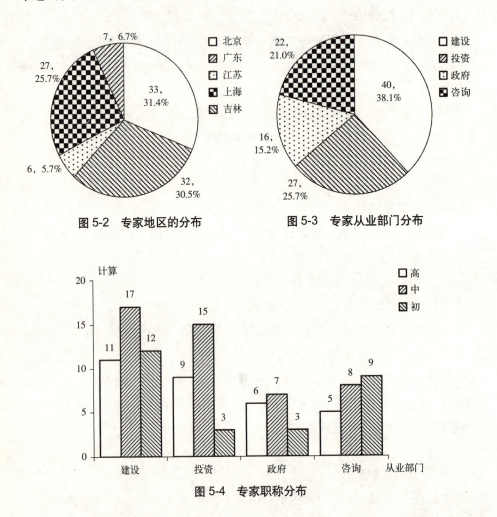

图5-2 专家地区的分布

图5-3 专家从业部门分布

图5-4 专家职称分布

5.3.2 数据统计方法

5.3.2.1 Mean Score 方法

该方法是广义CMH试验常用的统计方法之一，适用于对定序型统计变量的统计分析，Tommy利用该方法分析了香港民用建筑工期延误的主要原因，取得了较好的效果[166]。该方法的步骤如下：

(1) 计算统计变量的 MS（Mean Score）值：

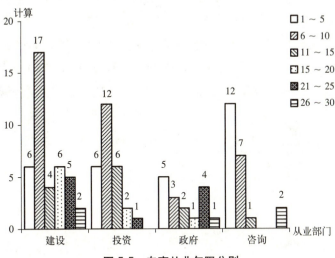

图 5-5　专家从业年限分别

$$MS_{kj} = \frac{\sum_{i=0}^{4}(f_{kij} \times s_{kij})}{\sum_{i=0}^{4} f_{kij}} \quad (0 \leqslant MS_{kj} \leqslant 4) \tag{5-1}$$

式中　k——调查对象（应答人）组别；

　　　i——重要性程度等级。当采用 1-5 标度法时，$i=4，3，2，1，0$；

　　　j——统计变量序号，$j=1，2，\cdots，J$；

　　　s_{kij}——第 k 组调查对象对于统计变量 j 按照 i 等级给出的重要性赋值。
当采用 1-5 标度法时，$s_{kij}=4，3，2，1，0$；

　　　f_{kij}——第 k 组调查对象对于统计变量 j 按照 i 等级重要性赋值的频数。

(2) 计算统计变量的 OMS（Overall Mean Score）值：

$$OMS_j = \sum_{k=1}^{m} MS_{kj} \times \frac{N_{kj}}{\sum_{k=1}^{m} N_{kj}} \tag{5-2}$$

式中　MS_{kj}——第 k 组调查对象对于统计变量 j 进行重要程度赋值的 Mean Score；

　　　N_{kj}——第 k 组调查对象对于统计变量 j 进行重要程度赋值的频数。

5.3.2.2 Ranking Agreement Factor 方法

由于不同调查对象的出发点的区别，各调查对象组别对统计变量的排序可能存在差异，为了判别该差异是否在允许范围以内，是否满足信度要求，Okpala 和 Aniekwu 提出了 Ranking Agreement Factor（RA）方法，通过计算任意两组来自不同调查对象的数据的"一致率（Percentage Agreement，PA）"和"不一致率（Percentage Disagreement，PD）"对其做出分析判定[167]。方法如下：

(1) 计算任意两个被调查对象组别的排序认同度差异 RA：

$$RA = \frac{\left(\sum_{j=1}^{J}|R_{j1} - R_{j2}|\right)}{J} \tag{5-3}$$

式中　j——统计变量序号，$j=1, 2, \cdots, J$；

R_{j1}，R_{j2}——任意两个被调查对象组别关于统计变量 j 的排序。

(2) 计算任意两个被调查对象组别的排序认同度最大差异 RA_{max}：

$$RA_{max} = \frac{\left(\sum_{j_1=1}^{J}|R_{j_11} - R_{j_22}|\right)}{J} \tag{5-4}$$

式中　R_{j_11}，R_{j_22}——含义同上。$j_2=j-j_1+1$。

(3) 计算任意两个被调查对象组别排序的不一致率 PD：

$$PD = \frac{RA}{RA_{max}} \times 100\% \tag{5-5}$$

(4) 计算任意两个被调查对象组别排序的一致率 PA：

$$PA = 1 - PD \tag{5-6}$$

5.3.3　数据统计结果及分析

5.3.3.1　数据整理

将反馈调查表按应答者的从业领域进行分类，分别以政府、投资方、建设方和咨询方（设计、监理、咨询公司、高校）作为统计对象，分别整理调查表。

5.3.3.2 MS 值排序

利用公式（5-1）计算每个调查对象组别应答结果所对应的总承包工程交易模式决策属性的 MS 值，并按分值由高到低进行排序，得表 5-5～表 5-8。

5.3.3.3 OMS 值排序

利用公式（5-2）计算各调查对象组别关于总承包工程交易模式决策属性的 OMS 值，按综合评分结果高低进行排序如表 5-9 所示。

政府部门专家反馈数据统计　　　　　表 5-5

总承包工程交易模式决策的设定属性	4	3	2	1	0	MS	排序
业主对设计的参与愿望	8	6	2	0	0	3.375	1
业主方的工程技术与管理能力	5	11	0	0	0	3.313	2
业主对各参与方风险分担的态度	5	11	0	0	0	3.313	3
业主对项目价格的需求	7	6	3	0	0	3.250	4
总承包企业的类似工程经验	6	8	2	0	0	3.250	5
项目复杂程度	4	11	1	0	0	3.188	6
总承包企业的普遍市场信誉	4	11	1	0	0	3.188	7
业主对工程纠纷的态度	6	5	5	0	0	3.063	8
业主对工程索赔的态度	7	3	6	0	0	3.063	9
项目规模	3	11	2	0	0	3.063	10
适合特定交易模式的总承包企业的能力	5	7	4	0	0	3.063	11
业主对项目质量的需求	4	8	4	0	0	3.000	12
业主方对于特定交易模式的工程经验	3	9	4	0	0	2.938	13
业主对项目整体进度的要求	3	9	4	0	0	2.938	14
法律法规的强制性招标要求对于实施该交易模式的限制	4	7	5	0	0	2.938	15
业主对于促进建筑业创新的态度	0	14	2	0	0	2.875	16
业主对设备/材料采购的参与愿望	2	9	5	0	0	2.813	17
市场是否已存在类似项目	2	9	5	0	0	2.813	18
适合特定交易模式的总承包企业的数量	3	8	4	1	0	2.813	19
业主对授标后工程变更的需求	3	8	3	2	0	2.750	20

投资领域专家反馈数据统计 表5-6

总承包工程交易模式决策的设定属性	4	3	2	1	0	MS	排序
业主对各参与方风险分担的态度	15	8	3	1	0	3.370	1
业主对设计的参与愿望	12	12	3	0	0	3.333	2
业主对项目价格的需求	12	13	0	2	0	3.296	3
总承包企业的普遍市场信誉	11	10	6	0	0	3.185	4
项目复杂程度	7	17	3	0	0	3.148	5
总承包企业的类似工程经验	10	11	6	0	0	3.148	6
业主方的工程技术与管理能力	9	12	6	0	0	3.111	7
业主方对于特定交易模式的工程经验	12	6	8	1	0	3.074	8
业主对项目整体进度的要求	11	9	6	0	1	3.074	9
业主对工程纠纷的态度	12	7	4	2	2	2.926	10
法律法规的强制性招标要求对于实施该交易模式的限制	9	7	11	0	0	2.926	11
业主对于促进建筑业创新的态度	4	16	7	0	0	2.889	12
适合特定交易模式的总承包企业的能力	9	9	6	3	0	2.889	13
业主对项目质量的需求	11	5	7	4	0	2.852	14
业主对设备/材料采购的参与愿望	5	10	12	0	0	2.741	15
项目规模	2	17	7	1	0	2.741	16
业主对工程索赔的态度	6	10	9	0	2	2.667	17
适合特定交易模式的总承包企业的数量	4	13	7	3	0	2.667	18
业主对授标后工程变更的需求	8	4	8	6	1	2.444	19
市场是否已存在类似项目	1	12	5	6	3	2.074	20

建设领域专家反馈数据统计 表5-7

总承包工程交易模式决策的设定属性	4	3	2	1	0	MS	排序
业主对各参与方风险分担的态度	14	13	4	0	0	3.323	1
业主方的工程技术与管理能力	11	11	9	0	0	3.065	2
总承包企业的普遍市场信誉	9	15	5	2	0	3.000	3
业主对项目整体进度的要求	6	15	10	0	0	2.871	4
业主对设计的参与愿望	5	16	10	0	0	2.839	5
项目复杂程度	7	13	10	1	0	2.839	6

续表

总承包工程交易模式决策的设定属性	4	3	2	1	0	MS	排序
业主对工程纠纷的态度	7	15	7	1	1	2.839	7
业主对项目质量的需求	10	10	7	3	1	2.806	8
市场是否已存在类似项目	7	11	11	2	0	2.742	9
业主对项目价格的需求	2	21	5	3	0	2.710	10
总承包企业的类似工程经验	5	12	14	0	0	2.710	11
法律法规的强制性招标要求对于实施该交易模式的限制	9	6	14	2	0	2.710	12
业主对于促进建筑业创新的态度	8	11	8	2	2	2.677	13
项目规模	4	14	12	1	0	2.677	14
业主对设备/材料采购的参与愿望	13	4	6	7	1	2.677	15
适合特定交易模式的总承包企业的数量	6	12	11	1	1	2.677	16
业主方对于某交易模式的工程经验	4	12	15	0	0	2.645	17
适合特定交易模式的总承包企业的能力	4	11	15	1	0	2.581	18
业主对工程索赔的态度	5	10	13	2	1	2.516	19
业主对授标后工程变更的需求	3	8	15	4	1	2.258	20

工程咨询领域专家反馈数据统计 表 5-8

总承包工程交易模式决策的设定属性	4	3	2	1	0	MS	排序
总承包企业的普遍市场信誉	12	9	1	0	0	3.500	1
总承包企业的类似工程经验	13	7	1	1	0	3.455	2
业主方的工程技术与管理能力	9	13	0	0	0	3.409	3
业主对各参与方风险分担的态度	10	10	2	0	0	3.364	4
业主对项目价格的需求	8	10	4	0	0	3.182	5
项目复杂程度	7	12	3	0	0	3.182	6
适合特定交易模式的总承包企业的能力	9	9	3	1	0	3.182	7
项目规模	5	14	3	0	0	3.091	8

续表

总承包工程交易模式决策的设定属性	4	3	2	1	0	MS	排序
法律法规的强制性招标要求对于实施该交易模式的限制	6	12	4	0	0	3.091	9
业主对于促进建筑业创新的态度	8	8	5	1	0	3.045	10
业主对设计的参与愿望	4	15	3	0	0	3.045	11
业主对工程纠纷的态度	4	15	3	0	0	3.045	12
业主方对于特定交易模式的工程经验	7	9	5	1	0	3.000	13
业主对设备/材料采购的参与愿望	3	16	3	0	0	3.000	14
业主对工程索赔的态度	6	10	6	0	0	3.000	15
业主对授标后工程变更的需求	5	13	3	1	0	3.000	16
业主对项目整体进度的要求	4	12	6	0	0	2.909	17
业主对项目质量的需求	2	8	12	0	0	2.545	18
适合特定交易模式的总承包企业的数量	3	7	11	1	0	2.545	19
市场是否已存在类似项目	4	5	7	3	3	2.182	20

从各组别调查对象对各属性的排序结果来看，政府、投资与咨询三个组别对"市场是否存在特定交易模式的类似项目"属性的影响并不重视，给出的排序在第 19 或 20 的位置；而建设组别则将其置于第 9 的位置。这一方面表明了我国总承包企业善于向同行学习的优良品质，另一方面也显示尽管他们对自己的经验和能力具有前文所述的充分自信，但在本质上目前仍然缺乏总承包实践的全面锻炼。在属性的含义上，这个指标与"总承包企业类似模式的工程经验"有相似之处，再鉴于除建设组别以外其他组别的调查对象都认为它的影响程度不大，因此将这个属性删除。

四个组别的调查对象对"适合特定交易模式的总承包企业的数量"属性的排序较一致，且排序位置都较靠后。这个排列次序是符合我国建筑市场现实情况的。经过近 15 年的政府提倡和市场培育，建筑业已经涌现大批具备总承包资质的建筑企业，特别是在石油、电力等总承包模式开展较活跃的行业，不乏优秀的企业案例。如中国石化工程建设公司（SEI）在 2008 年国内工程总承包市场的合同额达 120 亿元，国外总承包市场合同额达 50 亿欧元，总承包收入占公司 2008 年全年营业收入的 85% 左右；该公司在 ENR2007 年全球工程设计公司 150 强排名中位列第 36 位。在民建领域，也涌现了中建总公司、上海建工集团和广厦建设集团等一批较具实力的优秀总承包企业。鉴于此，将"适合特定交易模式的总承包企业的数量"从总承包工程交易模式决策属性集中删除。

各组别专家反馈数据比较统计表　　　　　　表 5-9

属性	政府		投资		建设		咨询		综合平均	
	OMS	排序	OMS	排序	OMS	排序	OMS	排序	OMS	排序
业主对各参与方风险分担的态度	3.313	2	3.370	1	3.350	1	3.364	4	3.352	1
业主方的工程技术与管理能力	3.313	3	3.111	7	3.100	2	3.409	3	3.200	2
总承包企业的普遍市场信誉	3.188	6	3.185	4	3.050	3	3.500	1	3.200	3
业主对设计的参与愿望	3.375	1	3.333	2	2.875	6	3.045	10	3.105	4
业主对项目价格的需求	3.250	4	3.148	5	2.800	11	3.455	2	3.095	5
项目复杂程度	3.188	7	3.148	6	2.925	4	3.182	5	3.076	6
总承包企业类似模式的工程经验	3.250	5	3.296	3	2.750	14	3.182	6	3.057	7
业主对工程纠纷的态度	2.938	13	3.074	8	2.875	7	2.909	17	2.943	8
业主对项目整体进度的要求	2.938	14	2.926	11	2.800	12	3.091	8	2.914	9
法律法规的强制性招标要求对于实施该交易模式的限制	3.063	8	2.926	10	2.775	13	3.045	12	2.914	10
业主方对于特定交易模式的工程经验	2.875	16	2.889	13	2.850	8	3.045	11	2.905	11
适合特定交易模式的总承包企业的能力	3.063	9	2.889	12	2.675	17	3.182	7	2.895	12
业主对于促进建筑业创新的态度	2.938	15	3.074	9	2.675	18	3.000	14	2.886	13
项目规模	3.063	10	2.741	15	2.700	16	3.091	9	2.848	14
业主对项目质量的需求	3.000	12	2.852	14	2.925	5	2.545	18	2.838	15

续表

属性	政府		投资		建设		咨询		综合平均	
	OMS	排序	OMS	排序	OMS	排序	OMS	排序	OMS	排序
业主对设备/材料采购的参与愿望	2.813	17	2.741	16	2.825	9	3.000	13	2.838	16
业主对工程索赔的态度	3.063	11	2.667	17	2.475	19	3.000	15	2.724	17
适合特定交易模式的总承包企业的数量	2.813	18	2.667	18	2.750	15	2.545	19	2.695	18
业主对授标后工程变更的需求	2.750	20	2.444	19	2.325	20	3.000	16	2.562	19
市场是否已存在类似项目	2.813	19	2.074	20	2.825	10	2.182	20	2.495	20

此外,"业主对授标后工程变更的需求"也是四个调查组别态度较一致且排名较末端的属性,也将其删除。

5.3.3.4 统计结果的一致性分析

对于经筛选后剩余的17项属性采用公式(5-3)~式(5-6)计算其任意两个调查对象组别的排序一致性,结果见表5-10和图5-6。

影响总承包工程交易模式决策的17个属性反馈数据一致性分析表 表5-10

对照组	RA	RA_{max}	PD(%)	PA(%)
政府—投资	2.824	7.765	36.36	63.64
政府—咨询	3.529	7.529	46.88	53.13
投资—咨询	4.118	7.647	53.85	46.15
投资—建设	4.471	7.941	56.30	43.70
政府—建设	5.176	8.059	64.23	35.77
建设—咨询	5.294	7.294	72.58	27.42

在问卷调查前,对设定的属性评价结果进行了预测。认为对于总承包工程交易模式的属性中,业主方的工程技术与管理能力、业主对设计的参与愿望、业主对价格项目整体进度的需求以及项目的复杂程度的影响程度应该较高,调查的结果与预测基本吻合。

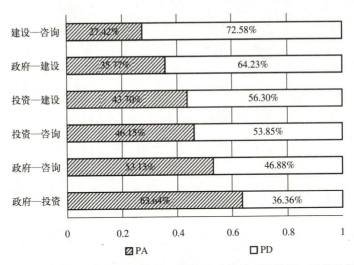

图 5-6 影响总承包工程交易模式决策的 17 个属性反馈数据一致性分析图

从一致性分析的结果来看，不同组别对预设属性集的判别一致性程度较高。一致性最高的来自于政府与投资组别，一致率达到 63.64%；一致性最低的来自于建设与咨询组别之间的差异，但其 PA 值也达到 27.42%。

但分析中也发现不同组别的调查对象对其中几项属性的态度存在较大的差异：

（1）业主方工程技术与管理能力属性。政府、建设和咨询组别对该属性的排序较为一致，都将其排在第 2 或第 3 的位置，而投资组别对该属性的排序较为靠后。这反映出在投资组别的意识里，业主方工程技术与管理能力如何对其采用何种总承包交易模式并在其中发挥何种程度的作用的影响并不是绝对性的。

其差异可能来自于前三个组别在项目实践中明显感受到作为项目发起者和最终受益人的项目业主关于工程技术与管理能力的不足，从而导致他们与业主在项目建设的一系列环节上的交流沟通与协作存在较大障碍；事实上，由于社会分工及交易成本的缘故，并不能过分追求作为非工程专业领域的项目业主（少部分样本来自于房地产业）也配置齐全的工程技术与管理能力。这个问题一方面反映出我国项目业主普遍存在着较强烈的对于项目实施过程的参与偏好，另一方面恰恰凸显了工程咨询方作为业主咨询角色的尴尬，他们并没有很好的发挥协助业主或代表业主的作用。咨询方工作绩效的不足在一定程度上影响了业主对其信任程度并致使业主未能对其充分授权,反过来进一步加剧了业主过多参与项目实施的预期。

(2) 总承包企业类似模式的工程经验与企业能力两个属性。与其他三组别分别将这两个属性置于较为重要的排位顺序不同,来自于建设领域的调查组别仅将其置于第 11 和第 18 的位置。这表明在我国实施工程总承包制度已经推行了近 15 年以后,尽管从组织结构到核心能力等方面存在诸多不足,但总承包企业已经对自己的总承包经验和能力抱有较强信心;另一方面,与总承包企业的自信相反,其他各参与方仍然还普遍存在着关于总承包企业是否经受过充分的总承包实践的疑虑。这反映出我国建筑业在工程总承包已经取得了一定成绩的背景下,关于工程总承包的总结、宣传等工作尚有欠缺,工程总承包的系列理论知识以及优秀的总承包工程和总承包企业的案例、经验未得到足够的推广,建筑业从业各方在整体上对工程总承包在我国的实施现状和在世界范围内的发展前景尚缺乏深入了解。

(3) 业主对项目整体进度和对项目质量要求两个属性。这两个属性的排位情况较为类似,政府、投资和咨询三组对其排位都较为靠后,而建设组别则恰恰相反,分别给出了第 5 和第 7 的位置。两种不同的排序却反映了一种相同的观念,即都承认按承包合同进行进度和质量控制是总承包企业的职责所在。这反映了我国建筑业参与各方均对工程合同所持的谨慎态度。建设组别将其置于较重要位置表明遵守工程合同约定、履行工程合同义务已成为我国承包企业的普遍共识;政府、业主和咨询三组别也认为不论在何种总承包交易模式下,按合同约定的进度和质量标准接收符合预期的工程项目已经成为我国建筑业的惯例,在这三组别的态度里这两个属性对总承包交易模式的决策并不会起关键性的作用。但需要说明的是,后三组的判断可能并没有考虑到总承包交易模式对项目整体进度和质量的内在影响,这再一次凸显我国建筑业各参与方关于工程总承包理论知识的不足。

此外,一致性最高的是政府与投资两个组别,导致其产生 36.36% 的不一致性的属性主要来自于两方对"业主对工程索赔的态度"、"业主方的工程技术与管理能力"和"业主对项目整体进度的要求"三项与业主特征和偏好相关的属性,这应该与双方所处位置不同、政府对投资方的认识尚存在偏差也有一定的关系。

总体来说，四个组别的调查对象尽管由于所处立场、利益出发点不同，但对于工程总承包交易模式决策属性的认识还是较一致的，这为工程总承包各方密切合作，为获取总承包项目的最大利益提供了有力的依据，同时说明调查的信度有一定的保证，调查的结果对于总承包工程交易模式决策具有重要的参考价值。

本次调查也发现了调查工作可以改进的问题。如统计对象分组的科学性和广泛性，由于少量来自财会、保险方面的调查由于样本少而被纳入到了咨询组别，其数据可能会对来自监理、设计等咨询行业的数据产生影响。另外，对于各组别意见的不一致性，尽管前文做了一定程度的分析，但是否与客观实际相符仍有待于深入的探讨与研究，进而使调查的信度与效度进一步提高。

5.4 总承包工程交易模式 UMADM 指标体系

鉴于前文分析，建立我国工程总承包交易模式 UMADM 的指标体系如图 5-7 所示。

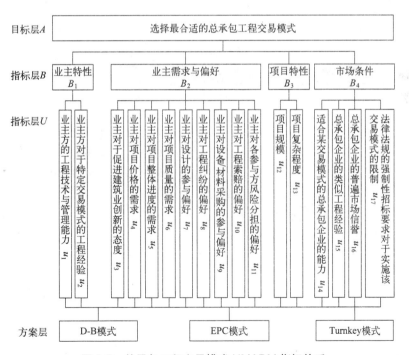

图 5-7 总承包工程交易模式 UMADM 指标体系

其中目标层为"选择最优的总承包工程交易模式",指标层包括业主特性、业主需求与偏好、项目特征和市场条件 4 个大类 17 个指标,方案层为 D-B、EPC 和 Turnkey 三种总承包工程交易模式。

5.5 本章小结

本章通过对西方发达国家政府和机构的关于工程交易模式决策属性的研究,总结了影响总承包工程交易模式决策的基本属性集,并按照属性集初选原则预设了我国总承包工程交易模式决策的属性集。

为了确定我国总承包工程交易模式决策的属性,设计了我国总承包工程交易模式决策属性的调查问卷,在专家访谈的基础上对调查问卷做了完善;经过调查取样和对调查数据的统计,分析了来自政府、投资、建设和咨询等领域专家反馈意见的一致性,四个调查组别对预设属性的判断一致性较高,调查结果可信可靠。最后确立了我国工程总承包模式 UMADM 决策的指标体系,为后文进行不确定多属性决策的规则研究和决策模型研究奠定了基础。

第 6 章

总承包工程交易模式 UMADM 规则

6.1 总承包工程交易模式特征

6.1.1 D-B 交易模式特征

6.1.1.1 D-B 交易模式组织结构与参与主体

该模式中，业主按照总承包合同将全部或部分设计任务以及全部施工任务一起发包给一家总承包商。D-B 交易模式的组织结构如图 6-1 所示。

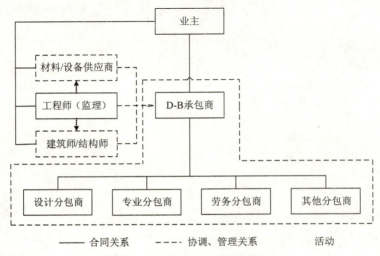

图 6-1 D-B 交易模式组织示意图

由图 6-1 可以看出，D-B 交易模式下的参与主体有业主、D-B 承包商及其各分包商、咨询工程师、建筑师（结构工程师）和材料或设备供应商。

工程总承包商按照总承包合同承担工程项目的设计和施工，对工程的质量、安全、工期、造价等全面负责。总承包商可以自行完成承包的全部建设任务，也可以以竞标的方式将部分建设任务发包给分包商。而对于主要材料和设备的采购，则由业主自行组织或委托专业的设备材料成套供应企业承担。

咨询工程师受业主委托，主要承担项目可行性研究工作。在项目实施过程中，可以协助业主对设计、施工和设备材料供应进行协调与管理。

根据美英日和新加坡相关机构的建议，针对 D-B 总承包项目，在向总承包商发布招标公告之前，业主可以先将设计工作预先进行招标，由建筑师／结构工程师完成一定的设计任务。各国所建议的比例各不相同,但一般不会超过35%,参见表6-1[168]。我国尽管没有相关规定,但在实践中,部分D-B项目实际上也采取了类似的做法。如由广州市建设投资发展有限公司和广州市新光快速路有限公司作为业主建设实施的星光快速路项目在进行工程总承包招标之前,就自行组织完成了初步设计工作。通过这种方式,准确地体现了业主对工程总体使用功能的要求。

D-B 交易模式下各国总承包项目设计完成范围　　　　表 6-1

国家	部门	招标阶段	业主完成设计程度(%)	总承包完成设计程度(%)
美国	总包工程协会(DBIA)	三阶段	业主不做设计	35
	设计顾问协会(ACEC)	*	35	*
英国	交通部(Highways Agency)	二阶段	20～30	100
新加坡	住宅发展局(PWD)	三阶段	业主不做设计	60
	公共工程局(HDB)	二阶段	20	35
日本	住宅公团(ACEC)	三阶段	30	40～60

6.1.1.2　D-B 交易模式的类型及其风险

根据总承包商所承担的设计任务范围的不同,D-B 交易模式可以分成图 6-2 所示的四种类型[169]。

(1) 完全 D-B 交易模式。业主在项目确定后即与总承包商签订合同,总承包商和业主一起确定项目范围、项目规划和概念设计等,直至项目完成。这种模式比较适合工程的投资容易确定、隐蔽工程少、地质条件不复杂的项目。而对工程复杂的项目,这种 D-B 交易模式可能会给总承包商带来较大的工程风险。总承包商只有经过地质勘查、方案设计评估、进一步的设计以后才能确定工程造价以进行投标,投标准备阶段就需要投入较大的精力和资金,因此承包商的投标积极性可能会受到一定的抑制,而业主则需要承担招标失败的风险。

(2) 给定标准的 D-B 交易模式。业主独自确定详细设计标准和设计参数,总承包商依据业主提供的项目规划、设计标准、参数等资料进行工程设计。

由于工程地质勘探等不可知因素已由业主预先解决,承包商投标报价的风险有一定程度的降低,投标意愿会高于完全 D-B 交易模式招标。当然,承包商投标时还可以对业主提供的可行性研究的设计方案做进一步的优化,提出对业主更有价值的方案,以加大承包商的中标几率,这样就有机会使有实力的承包商发挥其技术优势,使综合实力最强的承包商中标[170]。因此这种方法较适合于竞争性总承包项目的招标。

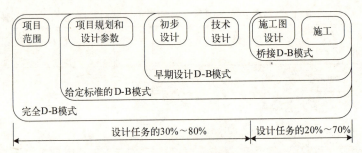

图 6-2　D-B 交易模式类型

资料来源:Lewis R McClain. Design-Build interoperability and conceptual design and development of a design-build management control system. Masteral Dissertation. Building Construction and Integrated Facility Management, Georgia Institute of Technology,2007

(3) 初步设计 D-B 交易模式。在这种模式中,业主在与总承包企业签署承包合同之前先完成一定程度的设计工作。业主所完成的设计程度可以有所不同,比如可以限制在线条性的设计,也可以是概念设计或方案设计。总承包企业根据已完成的设计以及给出的设计标准继续项目其他工作。这种 D-B 交易模式中,由于业主已经制定了项目的设计方案,因此工程估算和总概算基本上可以确定,承包商只是在初步设计的基础上进行下一步的工作,承包商的风险进一步降低。

(4) 桥接 D-B 交易模式。即 Beard 所谓的 D-B 交易模式与 D-B-B 模式之间的"突变"模式。业主通常先完成 30%～80% 的设计任务,总承包商接受合同后在给定的设计基础上再继续后面的设计工作及施工任务。在这种模式中,留给承包商的设计任务实际上主要是施工图阶段的设计,初步设计和重大的技术问题已经由业主预先解决,工程概算也基本上可以确定。对承包商而言,投标风险大大减少。

上面所述的四种 D-B 交易模式中，业主所负责的工程设计任务各不相同。随着完成设计任务程度的递增，业主对工程设计的控制逐步加强，项目要求与范围逐步清晰，项目结构、主要材料、设备、主要工程量因素等基本确定，对承包商和材料设备供应商的选择标准逐渐清晰，此时业主所面临的承包商和供应商的技术风险逐步降低。但业主完成的设计任务越多，工程总承包招标的时间越晚，业主面临的项目工期的损失风险就越大；由于设计原因而引起的工程变更并导致的合同纠纷风险和工程投资的增加风险也随着业主参与设计任务的递增而增加。

6.1.1.3 D-B 交易模式的适用性

满足下列条件的工程项目，D-B 交易模式的优势能得到更好的发挥：

（1）业主对工程项目的要求能以比较客观的"性能标准"去描述和规定，使得承包商能够准确地去理解业主方的需求。

（2）业主方对项目的要求基本上均能由相关行业颁布的规程规范或标准来确定。

（3）工程项目本身有许多地方存在"可建造性"的问题，即施工是否可行的问题。在传统 D-B-B 模式下，设计与施工分离，设计人员在设计时对施工方案的"可建造性"不够重视，不仅会影响施工效率，而且在施工中经常会导致设计方与施工方的争端，相互推诿扯皮，降低工程建设的效率。而在 D-B 交易模式下，"可建造性"在设计过程中可得到充分的考虑，可以避免 D-B-B 模式下的这种缺陷[171]。

（4）业主希望采取总承包交易模式但按照法律规定必须实行公开招标的工程。

6.1.2 EPC 交易模式特征

目前尚没有关于 EPC 交易模式的统一概念，但在实践中，EPC 交易模式经常被赋予广义和狭义两种含义。在广义上，EPC 交易模式被用来作为工程总承包模式的一个代名词，泛指业主将工程的设计、采购、施工、试运行全部或核心工作全部转交给一个总承包商的工程交易模式，概念侧重于承包商的全过程参与性，承包商作为除业主以外的主要责任方参与工程所有设计、采购及施工任务；而在狭义上，EPC 交易模式一般指总承包商按照合同约定，完成工程设计、设备材料采购安装、施工和试运行服务（业主负责试运行）等工作，这也是我国目前实行 EPC 总承包工程的主要工作内容。本文所指的即狭义上的 EPC 交易模式。

6.1.2.1　EPC 交易模式组织结构与参与主体

由于 EPC 交易模式中设计、采购、施工和试运行服务等工作都被一起发包给一个总承包商，因此在这种模式的组织结构上，图 6-1 中的承包商、材料／设备供应商和建筑师／结构工程师等参与主体被进一步内部化，组织结构关系更显简单，业主所要协调的关系随之减少，交易费用也随之降低。

FIDIC 的《"设计—采购—施工"（EPC）／交钥匙工程合同条件》不再设置工程师角色，仅要求业主派遣业主代表并尽量少地干预项目实施。但根据我国现行相关法律和 EPC 工程总承包开展的实践，当前我国 EPC 总承包模式仍然存在设置工程监理的必要性[172]。但基于"由承包商承担项目的设计和施工的全部职责，雇主介入很少"的原则，EPC 交易模式下的监理工程师与 D-B 交易模式和传统的 D-B-B 模式相比，工作内容大为简化，对承包商提交的文件仅仅负责审阅，而不是在其他模式中的审阅和批准；虽然要求业主代表（监理工程师）对工程材料、工程设备的质量管理也有施工期间检验的规定，但重点是在竣工检验上，必要时也可能要进行竣工后的检验。

EPC 交易模式的组织结构如图 6-3 所示。

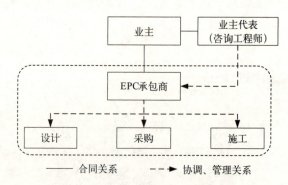

图 6-3　EPC 交易模式组织示意图

6.1.2.2　EPC 交易模式的类型及其风险

按照不同的分类方法，EPC 交易模式可以分为诸多不同类别。根据总承包工程的情况和总承包商的实力，EPC 总承包商可将工程项目的设计、采购和施工中的部分或全部工作进行分包，或可全部由自己完成。根据工程项目的分包程度，EPC 交易模式可分为 EPC（self perform construction，spc）和 EPC（max sub-contract，msc）两个类别；而根据选择分包商的主体的不同，EPC（spc）交易模式又可分为总承包商选择分包商的 EPC 交易模式和业主指定分包商的 EPC 交易模式两个类别。

（1）总承包商选择分包商的 EPC 交易模式。在该模式里，EPC 总承包商负责进行分包商的选择，与分包商签署分包合同，其组织形式如图 6-4 所示。

在我国实施这种交易模式，EPC 总承包商除要为自己的行为向业主负责外，还要为供应商和施工分包商的行为向业主负责，即供应商和施工分包商可能带来的风险所导致的损失完全由总承包商根据采购和分包合同与供应商和施工分包商解决。对于业主而言，包括设计、施工、采购范围内的大量风险都被转移给 EPC 承包商。业主所要面临风险的种类远远低于 D-B 总承包交易模式。该模式下，总承包商和业主各自要承担的主要风险如表 6-2 所示。

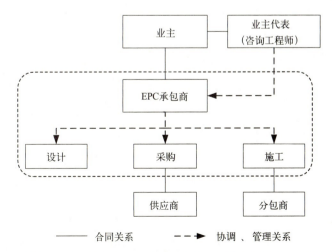

图 6-4　总承包商选择分包商的 EPC 交易模式组织示意图

总承包商选择分包商的 EPC 模式下总承包商和业主的风险　　　　表 6-2

参与主体	风险类型
总承包商	因技术指标、供货能力、运输损失和采购价格等因素变动而引起的采购风险[173]; 因合同类型选择不当、条款、定义和用词含混不清、意思表达不明，以及业主诚实信用等因素所导致的合同风险； 因经济危机、金融危机、通货膨胀或通货紧缩、业主支付能力等因素所导致的经济风险； 因需要多专业组织协同工作而由组织目标、合作方式和人员激励政策等因素所导致的组织风险； 因项目的地质条件、自然环境、技术结构、规模以及 EPC 总承包商设计、施工技术能力和经验等因素所导致的技术风险； 因分包商的技术能力、工程经验、管理水平、诚信状况而导致的分包附加风险
业　主	由于投资方向、项目选址、市场调研与预期等错误所导致的决策风险； 由于融资方式、融资成本、融资来源等因素所导致的融资风险； 由于总承包商技术能力、工程经验、管理水平、诚信状况而导致的技术风险

（2）业主指定分包商的 EPC 交易模式。FIDIC《"设计—采购—施工"（EPC）/ 交钥匙项目合同条件》允许业主根据工程情况指定有资格和实力并被业主所了解的分包商。在这种背景下，形成了如图 6-5 所示业主指定分包商的 EPC 组织形式。

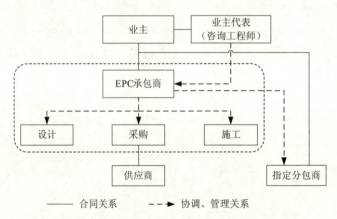

图 6-5　业主指定分包商的 EPC 交易模式组织示意图

与前一种 EPC 总承包模式相比，图 6-5 所示的 EPC 组织模式中的 EPC 总承包商和项目业主所面临的风险基本类似。只是由于工程分包合同发生于工程业主与分包商之间，EPC 总承包商和分包商之间仅存在工作上的协调关系，因此分包附加风险被转移到业主身上。但由于业主在选择分包商的时候，已经对分包商的工程经验、资格、信誉等因素有较深入的了解，所以业主预期中的分包附加风险基本不会发生或即便发生也不会对业主利益造成很大损失。可见，这种模式理论上在保证了业主利益的同时降低了总承包商所面临的工程风险。

但应指出的是，在业主指定分包商的 EPC 交易模式中，由于总承包商和指定分包商之间不存在合同关系和有效力的指令关系，两者之间的业务协作有时可能会陷入困境。如果将二者间的矛盾交由业主处理，无疑会增加业主对项目的参与程度以及由此而引致的交易费用，这与 EPC 交易模式的采用初衷是相违背的。因此在实践中，业主指定分包的 EPC 交易模式的组织形式有时会发生变化以解决上述矛盾。

图 6-6 表示了上海环球金融中心工程实施、采用的是变形 EPC 交易模式。在这种 EPC 交易模式的变形体中，分包商仍由业主指定，但同时要求分包商和 EPC 总承包商签订工程合同。EPC 总承包商在不负连带责任的前提下拥有对指定分包商的工程进度进展的奖罚权，并规定指定分包商的工程款必经总承包商同意后才可支付，指定分包商的保函未经总承包商许可不得转让，从而增强了总承包商对指定分包商的控制力度。业主提高了总承包商对指定分包商的协调管理费率以弥补其因此而导致的工作范围扩展。实践证明，这种模式较好地解决了总承包商和指定分包商之间的业务协作问题。

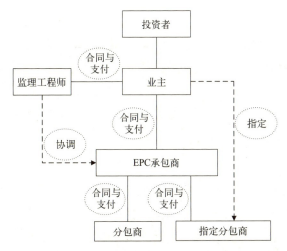

图 6-6 上海环球金融中心 EPC 交易模式组织示意图

6.1.2.3　EPC 交易模式的适用性

EPC 交易模式适用条件：

（1）业主不能完整、详细、确切地提供项目设计指标与参数，但能够以清晰的项目功能描述为基础编制"业主要求"来描述设计原则和工程设备基础设计的要求，应有项目投资估算作为项目建设投资限制；

（2）业主应对 EPC 承包商有较强的信心，给予承包商按其选择的方式进行工作的自由，对承包商工作只进行有限的控制，不干预或非常少地干预承包商的工作；

（3）招标程序应允许赋予投标人足够的时间以研究工程和招标文件，对所有相关资料和数据进行核实，进行必要的设计，以使其对工程状况有足够把握，能确切掌握业主要求，领会招标文件对工程目的、范围、设计标准等方面的要求；

（4）招标程序应允许投标人和业主间就技术问题和商务条件进行讨论，允许投标人提出最合适于他的工程建设和设备安装方案，以使投标人能详细说明和证明将提供的工程和设备的可靠性和性能。

下列情况采用 EPC 交易模式存在一定难度：

（1）投标人没有足够的时间和资料，以仔细研究和核查业主要求、或进行设计、风险评估和估算；

（2）项目内容涉及相当多数量的地下工程，或投标人未能调查的区域内的工程；

（3）业主要求严密监督或控制承包商的工作，或要求审核大部分工程图纸；

（4）每次期中付款的款项和款额都要经某些官员或其他中间人的审核与批准。

6.1.3　Turnkey 交易模式特征

Turnkey 交易模式又称"一揽子承包"或"交钥匙模式"，是指总承包商按照合同约定，负责工程项目前期的投资机会研究、项目发展策划、建设方案及可行性研究和经济评价，完成工程的勘察、设计、设备采购、施工、试车等全过程工作，并对工程的安全、质量、工期、造价全面负责，工程验收合格后向业主提交一个满足使用功能、具备使用条件的一种总承包交易模式。

6.1.3.1　Turnkey 交易模式组织结构与参与主体

Turnkey 交易模式的组织结构与 EPC 交易模式基本相同，但由于承包范围上的向前延伸至项目决策阶段，向后则拓展到项目试运行（试车）阶段，总承包商内部组织结构也发生变动。Turnkey 总承包商不仅要配备包括 EPC 总承包商的所有技术人员，还需配置项目决策和项目试运行的人员。

Turnkey 交易模式的组织结构如图 6-7 所示。

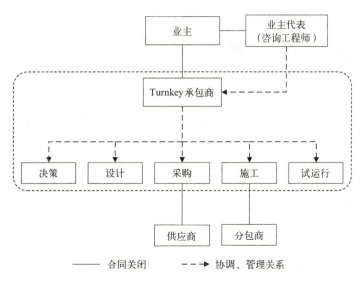

图 6-7　Turnkey 交易模式组织示意图

6.1.3.2　Turnkey 交易模式的类型和风险

按照选择分包商的主体不同，Turnkey 交易模式也可分为与图 5-4、图 5-5 类似的类型，并且在实践中也可以出现多种不同的变体。由于其组织结构 EPC 交易模式的各种类型基本相同，此处不再赘述。

由于业主将更多的项目实施环节转移给 Turnkey 总承包商，与这些环节相关的工程风险也一并被转移，包括对项目背景了解不深入、对工程所在地的市场、经济、政治文化等信息来源不确切等因素可能导致的立项决策阶段的风险使得 Turnkey 总承包商在经济和工期上要承担更多的责任。

6.1.3.3 Turnkey 交易模式的适用性

从业主的角度出发，与其他总承包工程交易模式相比，符合下列条件的工程项目能更好地体现采用 Turnkey 交易模式的优点：

(1) 业主更加希望能以较确定的价格并且能按期交付使用的项目。

(2) 业主只关心交付的成果，不想过多介入项目实施过程的项目。

(3) 业主希望承包商承担绝大部分过程风险，而同时愿意支付更多风险费用的项目。

(4) 业主希望收到一个完整配套的工程，"转动钥匙"即可使用的项目。

6.2　总承包工程交易模式的联系与区别

总承包模式代表了现代西方工程项目管理的主流，是在项目运用中成功达到缩短工期、降低成本、提高投资效益的典范，也是国内工程交易模式的发展方向之一，其三种类型相互之间即存在联系又存在区别。

6.2.1　业务范围比较

总承包交易模式的核心在于将至少包括设计和施工在内的工程任务发包给一个总承包商，因此设计和施工一体化承包是 D-B、EPC 和 Turnkey 三种不同总承包交易模式在承包范围上的共同点。

但根据前文分析，D-B 交易模式中总承包商所涉及的设计任务既可以包含从确定项目范围、项目规划开始的所有设计阶段，也可能仅仅局限于初步设计、技术设计和施工图设计的后几个阶段；EPC 和 Turnkey 交易模式中总承包商则要代替业主负责工程的整个勘察设计流程，EPC 总承包商在试运行（试车）阶段的要为业主提供咨询服务，而 Turnkey 模式则负责进行项目的决策和后期试运行（试车）。

在我国建筑业环境中，工程总承包的三种不同交易模式承包范围的对比见图 6-8。

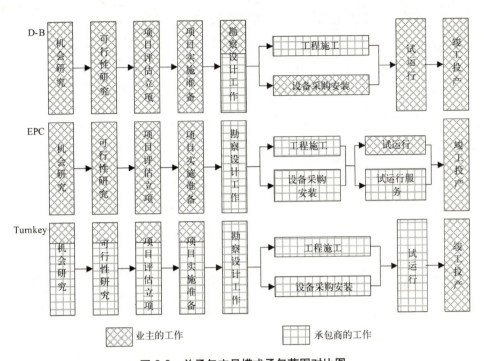

图 6-8 总承包交易模式承包范围对比图

注：业主代表和咨询工程师的工作并入业主工作范畴

6.2.2 经济特征比较

D-B、EPC 和 Turnkey 三种交易模式分别把不同的工程环节发包给一个总承包商的特征，导致了：

（1）业主所要直接面对的交易对象越来越少，与之相关联的针对交易对象的考察、谈判、监督、纠纷处理等环节随之减少，三种总承包交易模式下的整体工程的交易成本逐步降低。

（2）对勘察、设计、采购、施工等承担唯一责任的总承包商介入项目的时间越来越早，有利于在项目早期开展全寿命周期成本控制。传统 D-B-B 模式下的勘察失误、设计变更、不同施工队伍间穿插交接的矛盾等行为越来越多的在总承包商的统一管理中被内部化，由于这些因素所引发工期拖延和工程费用增加的机会将逐步减少。因此，三种总承包交易模式下的整体工程交易成本再次逐步降低。

（3）越来越多的工程风险被转嫁给总承包商，基于风险与收益相匹配的原则，三种不同交易模式的报价可能会逐步提高，但对于业主来说，只要承包商的报价在其投资估算范围以内，业主就可能会接受。

（4）业主对项目范围的确定程度越来越低，对项目的工期和投资越来越模糊。为了实现项目目标，业主必须能够越发清晰地对项目特征或需求做出描述。为了保证项目目标在自己的可控范围以内，业主所倾向的合同类型逐步发生变化。根据 D-B 交易模式下业主参与工程设计的不同程度，业主可以选择单价合同、总价合同和成本加酬金合同等多种合同形式，而在 EPC 和 Turnkey 交易模式下，业主基本上仅倾向于总价合同。

6.2.3 参与主体能力要求比较

业主在 D-B、EPC 和 Turnkey 三种交易模式中的参与程度越来越低，从而导致：

（1）对业主的工程业务能力的要求逐步降低，业主方组织内的技术人员数量可以逐步缩减，从而可以减少业主方内部组织成本。

（2）由于业主对项目的控制程度和对总承包企业的监管程度也越来越弱，因此对总承包企业的管理水平、技术能力和诚信程度就提出了越来越高的要求。

（3）基于与上一条相同的原因，三种模式下对咨询企业的技术能力和诚信程度的要求也越来越高。

6.2.4 项目预期目标控制比较

（1）质量目标控制。在总承包企业的技术能力、工程经验、管理能力符合项目特征的前提下，若对工程实施较合理的质量监管且总承包企业保持较高诚信时，工程总承包的三种交易模式对于取得按国家验收规范设定的质量标准是无差异的。但工程质量在 D-B、EPC 和 Turnkey 三种不同交易模式下，总承包企业越来越早地参与到项目中来，可以做到统筹安排，兼顾项目决策、设计、采购、施工和试运行之间的内在逻辑关系，因此质量目标可以越发得到保证。

(2) 进度目标控制。D-B 模式下，由于业主要参与设备或材料的采购，甚至负责部分或大部分的设计工作，这些工作在与由总承包商负责的工作部分必然造成较大的并行开展的困难，所以在进度目标的控制上 D-B 模式要弱于 EPC 和 Turnkey 模式。

(3) 投资目标控制。根据前文分析，EPC 和 Turnkey 模式在投资控制方面会比 D-B 模式提出更高的要求。

6.2.5 适用性比较

6.2.5.1 总承包交易模式适用性的共性

在其适用性上，D-B、EPC 和 Turnkey 作为总承包交易模式的不同类型存在以下共同特征：

(1) 建设目的和要求或项目功能需求明确的项目。由于项目设计发包给总承包商，业主不能象在传统模式下主导工程的设计任务，项目的范围边界不明确，但项目的建设目的和要求或项目功能需求必须能够很明确地转达给总承包商。

(2) 专业化程度高，需要发挥设计主导作用的项目。总承包交易模式的核心是工程设计，对专业化程度高的项目，工程设计的主导作用更是如此。工程设计纳入总承包程序，能够最大限度地发挥工程设计在工程建设中的主导作用。

(3) 设计标准化程度较高、重复性较强的项目。标准化和可重复性的设计工作可以使总承包商和业主之间的需求交流简单化、可视化，业主能借此明确表达其对工程建设方案的要求，可以降低潜在的工程风险。

(4) 对投资费用、工程进度、建设质量有强烈控制愿望的项目。总承包交易模式由总承包商从建设初期就在建设的费用、工期和质量等方面对工程的设计、采购、施工、安装等诸多环节进行综合控制，不仅可以使多环节合理交叉缩短工期，而且由于设计和施工的一体化，还可以在施工中不断优化设计方案，保证项目费用、进度和质量始终处于控制之中。而总承包合同主体的简单性明确了业主和总承包商之间的责任和义务划分，总承包商必须发挥较高的技术和管理的综合能力，协调自己内部和分包商之间的关系，对费用、进度和质量负起全面的责任，以此减少违反合同而可能导致的损失。

6.2.5.2 总承包交易模式适用性的差异

在法律法规环境的适应性上，由于业主在 D-B 模式中可以在招标前提供部分图纸，为总承包企业参与投标提供了统一的报价基础资料，因此按照我国法律法规必须采取公开招标的项目可以采用 D-B 模式；但对于 EPC 和 Turnkey 模式而言，业主所能提供的仅仅是项目规格或项目需求，这些都还不足以作为公开招标的报价依据，因此，与 D-B 交易模式相比，二者更适于非公开招标的项目，由业主和各承包商分别谈判进行技术和商务谈判，协商技术细节以及与之相匹配的合适的工程价格。

按照 FIDIC《生产设备和设计—施工合同条件》以及《"设计—采购—施工"（EPC）/ 交钥匙工程合同条件》的推荐，D-B 模式适用于建筑或工程的设计和施工，由承包商按照业主的要求，设计和提供生产设备和（或）其他工程，可以包括土木、机械、电气和（或）构筑物的任何组合。而 EPC 和 Turnkey 模式适用于提供加工或动力设备、工厂或类似设施、基础设施工程或其他类型的开发项目，这些项目的最终价格和要求的工期具有更大程度的确定性，有承包商承担项目的设计和实施的全部职责，业主很少介入。基于同样的原因，如果业主在项目实施过程中有较多的工程变更需求，则 D-B 模式显然比 EPC 和 Turnkey 模式更具优势。

总体说来，EPC、Turnkey 模式主要适用于设备、技术集成度高、系统复杂庞大的，合同投资额大的项目，而 D-B 模式则主要使用在系统、技术设备相对简单，合同金额可大可小的，以土木建筑工程为主的项目上，如公共建筑、高科技建筑、机场、桥梁、公共交通设施和污水处理等项目。

在工程实践中，尤其是特大型项目，因为工期长、投资巨大，随着工程条件的变化，业主与承包商之间将有可能通过相互协商不断调整工作内容。而且，大型项目的结构复杂，为了充分发挥各种模式的优越性或者现实可行性，往往可能是以一种模式为主导的多种模式的混合体。因此，理论上，总承包交易模式及其变型追求严谨性和普适性，但在实践中，总承包交易模式及其变型更在乎灵活性和实用性。

6.3 总承包工程交易模式 UMADM 规则的界定

鉴于前文对三种工程总承包交易模式的比较分析，本节对我国总承包工程交易模式决策属性集的决策规则做出界定（表6-3），为了指标名称简洁化，在语言的表述上进行了简化处理。

我国总承包工程交易模式决策规则　　　　表 6-3

指标类别	序号	决策指标	决策指标描述	决策指标度量方法及决策规则
业主性质	1	业主能力	业主方的工程能力	不同交易方式对于业主工程技术与管理能力要求的效用，越高越好
	2	业主经验	业主方对于特定交易模式的经验	不同交易方式对于业主方相应工程经验及其次数要求的效用，越高越好
	3	促进创新	业主对于促进建筑业创新的态度	不同交易方式对于体现业主方关于总承包企业创新偏好的有效性，越高越好
业主需求与偏好	4	价格需求	业主对项目价格的需求	不同交易方式对于业主方关于项目价格高低及其可预期性需求的有效性，越高越好
	5	进度需求	业主对项目期限的要求	不同交易方式对于业主方关于项目期限及其可预期性需求的有效性，越高越好。
	6	质量需求	业主对项目质量的要求	不同交易方式对于业主方关于项目质量及其可预期性需求的有效性，越高越好
	7	设计参与	业主对设计的参与愿望	不同交易方式对于体现业主方参与工程设计程度的有效性，越高越好
	8	纠纷偏好	业主对工程纠纷的态度	不同交易方式对于体现业主方工程纠纷偏好类型的有效性，越高越好
	9	设备/材料采购参与	业主对主要设备/材料采购的参与愿望	不同交易方式对于体现业主方参与主要设备/材料采购程度的有效性，越高越好
	10	索赔偏好	业主对工程索赔的态度	不同交易方式对于体现业主方工程索赔偏好类型的有效性，越高越好
	11	风险分担	业主方风险分担的态度	不同交易方式对于体现业主方风险偏好类型的有效性，越高越好
项目性质	12	项目规模	项目规模	不同交易方式对于大规模项目进行建造、协调与管理的有效性，越高越好
	13	项目复杂性	项目复杂程度	不同交易模式对于复杂的非标准项目设计、设备或施工进行建造、协调与管理的有效性，越高越好

续表

指标类别	序号	决策指标	决策指标描述	决策指标度量方法及决策规则
市场条件	14	总承包企业能力	适合特定交易模式的普遍性总承包企业的技术与管理能力	总承包企业关于特定交易模式的技术与管理能力的高低,越高越好
	15	总承包企业工程经验	普遍性的总承包企业的类似工程经验	总承包企业关于特定交易模式的类似工程经验的高低,越高越好
	16	总承包企业信誉	普遍性的总承包企业的市场信誉	在特定交易模式中业主方对于总承包企业市场信誉的信心,越高越好
	17	法律法规限制	法律法规的强制性招标要求对于采用特定交易模式的限制	法律法规的强制性招标要求对于采用特定交易模式的限制程度,越高越好

6.4 本章小结

本章分别阐述了 D-B、EPC 和 Turnkey 三种总承包交易模式的涵义,明确了其组织结构形式,分析了各种模式的主要参与主体及其责任,分析了三种模式的基本类型和相应的工程风险,说明了其主要适应范围,并从承包范围、经济特征、参与主体能力要求、项目预期控制目标和适应性等方面对三种总承包交易模式的异同进行了对比;最后针对第五章设定的决策指标体系设定了总承包工程交易模式决策规则,为决策模型的构建与评价奠定了基础。

第7章

总承包工程交易模式 UMADM 模型

7.1 总承包工程交易模式 UMADM 问题的一般假设

根据第 2.3.1.3 小节的分析，由于决策者知识储备的不足和惯性思维模式的约束，总承包工程交易模式 UMADM 问题中的不确定性主要体现在两个方面：①决策指标权重的不确定性；②评价指标度量值的不确定性。区间数和语言评估标度是表达不确定性的两种基本工具，决策者可根据对决策信息的把握程度选择其中一种或将二者组合运用以表达决策问题的不确定性；此外，决策指标权重的不确定性还可能存在于权重完全未知的情况。当决策指标权重和评价指标度量矩阵中的一个方面不确定或两方面皆不确定时，总承包工程交易模式决策就表现出不确定性多属性决策的特征，二者不同形式的组合使总承包工程交易模式的决策问题演变为多种不确定多属性决策问题。不失一般性，在第 2.3.2.3 小节对该决策问题所做出的假设的基础上，再定义以下一般性假设：

假设 7-1 将总承包工程交易模式不确定多属性决策问题纳入群决策范畴。

假设 7-2 各决策单体在其重要性程度上无差异，即不考虑决策单体本身的权重。

假设 7-3 决策指标体系权重可以表现为确定型的实数形式，也可以表现为不确定型的区间数或完全未知的形式。

7.2 总承包工程交易模式 UMADM 模型构建

7.2.1 基于 *UEWAA* 和 *ULHA* 算子的群决策模型

7.2.1.1 模型假设

在前文假设的前提下，对假设 7-3 做如下具体化：

假设 7-3^a 决策指标体系权重表现为实数形式，即决策指标体系的权重是确定的。

7.2.1.2 决策模型

在假设 2-1 ~ 2-3 以及假设 7-1 ~ 7-3 和 7-3^a 的基础上，总承包工程交易模式决策问题的不确定性就集中在指标判断矩阵的不确定性上,而构建决策模型的关键就在于对以不确定语言变量形式表达的判断矩阵的集结方法的选择上。

(1) 集结算子

定义 7-1 设 $UEWAA: \tilde{S}^n \to \tilde{S}$,若

$$ULHA_\omega(\tilde{\mu}_1, \tilde{\mu}_2, \cdots, \tilde{\mu}_n) = \omega_1 \tilde{\mu}_1 \oplus \omega_2 \tilde{\mu}_2 \oplus \cdots \oplus \omega_n \tilde{\mu}_n \tag{7-1}$$

其中 $\omega = (\omega_1, \omega_2, \cdots, \omega_n)$ 是不确定语言变量组 $(\tilde{\mu}_1, \tilde{\mu}_2, \cdots, \tilde{\mu}_n)$ 的加权向量,$\omega_j \in [0, 1]$,$j \in N$,$\sum_{j=1}^n \omega_j = 1$,则称函数 $UEWAA$ 是不确定的扩展 WAA 算子[174]。

$UEWAA$ 算子体现了数据本身的重要性程度,其运算法则符合定理 2-1 和 2-2 的规定,该算子的作用是对每个决策者 d_k 针对任意一个备选方案 x_i 给出的不确定语言评估信息进行集结,得到决策单体 d_k 给出的备选方案 x_i 的综合评估值。

定义 7-2 设 $ULHA: \tilde{S}^n \to \tilde{S}$,若

$$ULHA_{\omega,w}(\tilde{\mu}_1, \tilde{\mu}_2, \cdots, \tilde{\mu}_n) = w_1 \tilde{v}_1 \oplus w_2 \tilde{v}_2 \oplus \cdots \oplus w_n \tilde{v}_n \tag{7-2}$$

其中 $w = (w_1, w_2, \cdots, w_n)$ 是与函数 $ULHA$ 相关联的加权向量,$w_j \in [0, 1]$,$j \in N$,$\sum_{j=1}^n w_j = 1$;$\tilde{S}$ 是不确定语言变量集,$\tilde{\mu}_i \in \tilde{S}$;$\tilde{v}_j$ 是加权的不确定语言变量组 $(\dot{\tilde{\mu}}_1, \dot{\tilde{\mu}}_2, \cdots, \dot{\tilde{\mu}}_n)$ $(\dot{\tilde{\mu}}_i = n\omega_i \tilde{\mu}_i, i \in N)$,这里 $\omega = (\omega_1, \omega_2, \cdots, \omega_n)$ 是不确定语言变量组 $(\tilde{\mu}_1, \tilde{\mu}_2, \cdots, \tilde{\mu}_n)$ $(n \in N)$ 的加权向量,$\omega_j \in [0, 1]$,$j \in N$,$\sum_{j=1}^n \omega_j = 1$,且 n 是平衡因子,则称函数 $ULHA$ 是不确定的语言混合集结算子[175]。

$ULHA$ 算子不仅反映了数据本身的重要性程度,而且还反映了数据所在位置的重要性程度,其运算法则符合定理 2-1 和 2-2 的规定,该算子的作用是对 t 位决策者针对备选方案 x_i 的综合评估值进行集结,得到决策备选方案 x_i 的综合属性评估值。

(2) 模型建立 采用 $UEWAA$ 算子和 $ULHA$ 算子作为指标评估矩阵的集结算子,并对集结结果针对可能度进行排序,对工程总承包交易模式决策的概念模型 (2-1) $(SM\{AO[x_1(a_{1j}), x_2(a_{2j}), x_3(a_{3j})]\}, a_{ij} \in A)$ 进行扩展可得到指标权重为实数且指标评估矩阵为不确定语言的决策模型,即基于 $UEWAA$

算子和 ULHA 算子的决策模型：

$$v_P\left\{ULHA_{\lambda,w'}^{(i)}\left[UEWAA_{\omega}^{(k,i)}\left(\tilde{r}_{ij}^{(k)}\right)\right]\right\} \quad (7\text{-}3)$$

式中 $\tilde{r}_{ij}^{(k)}$——决策者 d_k 给出方案 $x_i \in X$（$i=1,2,3$）在指标 $u_j \in U$（$j=1,2,\cdots,17$）下的不确定语言评估值；

$UEWAA_{\omega}^{(k,i)}$——在指标权重向量 ω 条件下，对决策者 d_k 给出方案 x_i 的所有指标评估值进行集结；

$ULHA_{\lambda,w'}^{(i)}$——在决策者权重向量 λ 和 ULHA 算子加权向量 w' 条件下对决策方案 x_i 进行群体综合属性评估值集结；由假设 7-2，
$$\lambda_1 = \lambda_2 = \cdots = \lambda_t = \frac{1}{t};$$

v_P——按决策方案群体综合属性评估集结结果计算的可能度矩阵的排序向量。

7.2.1.3 决策方法

（1）确定指标体系权重向量 $\omega=(\omega_1, \omega_2, \cdots, \omega_{17})$，且 $\omega_j \in [0, 1]$（$j=1, 2, \cdots, 17$）$\sum_{j=1}^{17}\omega_j=1$。

（2）每个决策者给出方案 $x_i \in X$（$i=1, 2, 3$）在指标 $u_j \in U$（$j=1, 2, \cdots, 17$）下的不确定语言评估值 $\tilde{r}_{ij}^{(k)}$，并得到评估矩阵 $\tilde{R}_k=(\tilde{r}_{ij}^{(k)})_{3\times 17}$，$\tilde{r}_{ij}^{(k)} \in \tilde{S}$。

（3）利用 UEWAA 算子对评估矩阵 $\tilde{R}_k$ 中第 i 行的不确定语言评估信息进行集结，得到决策者 d_k 给出的决策方案 x_i 的综合属性评估值 $\tilde{z}_i^{(k)}(\omega)$（$i=1, 2, 3$；$k=1, 2, \cdots, t$）：

$$\begin{aligned}\tilde{z}_i^{(k)}(\omega) &= UEWAA_{\omega}\left(\tilde{r}_{i,1}^{(k)}, \tilde{r}_{i,2}^{(k)}, \cdots, \tilde{r}_{i,17}^{(k)}\right) \\ &= \omega_1 \tilde{r}_{i,1}^{(k)} \oplus \omega_2 \tilde{r}_{i,2}^{(k)} \oplus \cdots \oplus \omega_n \tilde{r}_{i,17}^{(k)}, \quad i=1,2,3; k=1,2,\cdots,t\end{aligned} \quad (7\text{-}4)$$

（4）利用 ULHA 算子对 t 位决策者给出的决策方案 x_i 的综合综合属性评估值 $\tilde{z}_i^{(k)}(\omega)$（$i=1, 2, 3; k=1, 2, \cdots, t$）进行集结，得到决策方案 x_i 的群体综合属性评估值 $\tilde{z}_i(\lambda, w')$（$i=1, 2, 3$）：

$$\begin{aligned}\tilde{z}_i(\lambda, w') &= ULHA_{\lambda,w'}\left(\tilde{r}_i^{(1)}, \tilde{r}_i^{(2)}, \cdots, \tilde{r}_i^{(t)}\right) \\ &= w_1' \tilde{v}_i^{(1)} \oplus w_2' \tilde{v}_i^{(2)} \oplus \cdots \oplus w_t' \tilde{v}_i^{(t)}, \quad i=1,2,3\end{aligned} \quad (7\text{-}5)$$

其中 $w'=(w'_1, w'_2, \cdots, w'_t)$ 是 ULHA 算子的加权向量，$w'_k \in [0,1]$ ($k=1,2,\cdots,t$)，$\sum_{k=1}^{t} w'_k = 1$；$\tilde{v}_j^{(k)}$ 是一组加权的不确定语言变量 $(t\lambda_1 \tilde{z}_i^{(1)}(\omega), t\lambda_2 \tilde{z}_i^{(2)}(\omega), \cdots, t\lambda_t \tilde{z}_i^{(t)}(\omega))$ 中第 k 大的元素，t 是决策者数量，由假设 7-2，$\lambda_1 = \lambda_2 = \cdots = \lambda_t = \dfrac{1}{t}$。

(5) 利用式（2-15）$\left(p(\tilde{a} \geqslant \tilde{b}) = \dfrac{\min\{l_{\tilde{a}} + l_{\tilde{b}}, \max(a^U - b^L, 0)\}}{l_{\tilde{a}} + l_{\tilde{b}}}\right)$ 或（2-15）$\left(p(\tilde{a} \geqslant \tilde{b}) = \min\left\{\max\left(\dfrac{a^U - b^L}{l_{\tilde{a}} + l_{\tilde{b}}}, 0\right), 1\right\}\right)$ 及定理 2-3，算出各方案综合属性值 $\tilde{z}_i(\lambda, w')$ ($i=1, 2, 3$) 之间的可能度 $p_{ij} = p(\tilde{z}_i(\lambda, w') \geqslant \tilde{z}_j(\lambda, w'))$ ($i, j=1, 2, 3$)，并建立可能度矩阵 $P = (p_{ij})_{3 \times 3}$。

(6) 利用式（2-17）$\left(v_i = \dfrac{1}{n(n-1)}\left(\sum_{j=1}^{n} p_{ij} + \dfrac{n}{2} - 1\right), i \in N\right)$ 求得可能度矩阵 P 的排序向量 $v = (v_1, v_2, v_3)$，并按其分量大小对方案进行排序，即得到最优方案。

由以上分析可知，基于 UEWAA 算子和 ULHA 算子的决策模型不仅反映了指标体系的客观权重，还从数据所在位置及数据本身考虑其客观重要性程度，因此对于指标权重来说，基于 UEWAA 算子和 ULHA 算子模型在决策过程中对于指标采取了综合赋权的思想。

7.2.2 基于 IA 和 ULHA 算子的群决策模型

7.2.2.1 模型假设

在前文假设的前提下，对假设 7-3 做如下具体化：

假设 7-3^b 决策指标体系权重表现为区间数形式，即决策指标体系的权重是不确定且以区间数形式表达的。

7.2.2.2 模型建立

在假设 2-1～假设 2-3 以及假设 7-1～假设 7-3 和 7-3^b 的基础上，总承包工程交易模式决策问题的不确定性就集中在指标判断矩阵以及指标权重的不确定性上,而决策模型构建的关键在于选择合理的集结算子对以区间数形式表达的指标权重和以不确定语言变量形式表达的判断矩阵的处理上。

(1) 集结算子

定义 7-3 设 $(\tilde{\omega}_1, \tilde{\omega}_2, \cdots, \tilde{\omega}_n)$ 和 $(\tilde{\mu}_1, \tilde{\mu}_2, \cdots, \tilde{\mu}_n)$ 分别为一组区间数和不确定语言变量,其中 $\tilde{\omega}_j=[\omega_j^L, \omega_j^U]$ $(j \in N)$, $\omega_j^L, \omega_j^U \in R^+$, $\tilde{\mu}_j=[s_{\alpha_j}, s_{\beta_j}]$ $(j \in N)$, $s_{\alpha_j}, s_{\beta_j} \in \bar{S}$。定义

$$IA_{\tilde{\omega}}(\tilde{\mu}_1, \tilde{\mu}_2, \cdots, \tilde{\mu}_n) = \tilde{\omega}_1 \oplus \tilde{\mu}_1 \oplus \tilde{\omega}_2 \oplus \tilde{\mu}_2 \oplus \cdots \oplus \tilde{\omega}_n \oplus \tilde{\mu}_n \quad (7\text{-}6)$$

则称函数 IA 是区间集结算子[176]。

通过该算子,可以把区间数和不确定语言变量集结在一起。

(2) 模型建立 采用 IA 算子对以区间数形式表达的指标权重和以不确定语言形式表达的指标评估矩阵进行集结,再采用 $ULHA$ 算子对决策单体关于不同方案综合指标评估值进行集结,并对集结结果针对可能度进行排序,对工程总承包交易模式决策的概念模型(2-1)进行扩展可得到指标权重为区间数且指标评估矩阵为不确定语言的决策模型,即基于 IA 算子和 $ULHA$ 算子的决策模型:

$$v_P\left\{ULHA_{\lambda,w}^{(i)}\left[IA_{\tilde{\omega}}^{(k,i)}\left(\tilde{r}_{ij}^{(k)}\right)\right]\right\} \quad (7\text{-}7)$$

式中 $\tilde{r}_{ij}^{(k)}$ ——决策者 d_k 给出方案 $x_i \in X$ 在指标 $u_i \in U$ 下的不确定语言评估值;

$IA_{\tilde{\omega}}^{(k,i)}$ ——在指标权重向量 $\tilde{\omega}$ 条件下,对决策者 d_k 给出方案 x_i 的所有指标评估值进行集结;

$ULHA_{\lambda,w}^{(i)}$ ——在决策者权重向量 λ 和 $ULHA$ 算子加权向量 w 条件下对决策方案 x_i 进行群体综合属性评估值集结;由假设 7-2,$\lambda_1 = \lambda_2 = \cdots = \lambda_t = \dfrac{1}{t}$;

v_P ——按决策方案群体综合属性评估集结结果计算的可能度矩阵的排序向量。

7.2.2.3 决策方法

模型(7-7)的决策方法如下:

(1) 以区间数形式确定属性权重 $\tilde{\omega}_j = [\omega_j^L, \omega_j^U]$, $\omega_j^L, \omega_j^U \in \mathbb{R}^+$,令 $\tilde{\omega} = (\tilde{\omega}_1, \tilde{\omega}_2, \cdots, \tilde{\omega}_{17})$。

(2) 每个决策者给出方案 $x_i \in X$ $(i=1,2,3)$ 在指标下 $u_j \in U$ $(j=1,2,\cdots,$

17) 的不确定语言评估值 $\tilde{r}_{ij}^{(k)}$，并得到评估矩阵 $\tilde{R}_k = (\tilde{r}_{ij}^{(k)})_{3\times 17}$，$\tilde{r}_{ij}^{(k)} \in \tilde{S}$。

(3) 利用 IA 算子对评估矩阵 $\tilde{R}_k$ 中第 i 行的不确定语言评估信息进行集结，得到决策者 d_k 给出的决策方案 x_i 的综合属性评估值 $\tilde{z}_i^{(k)}(\tilde{\omega})$（$i=1$，2，3；$k=1$，2，…，$t$）：

$$\begin{aligned}\tilde{z}_i^{(k)}(\tilde{\omega}) &= IA_{\tilde{\omega}}(\tilde{r}_{i,1}^{(k)}, \tilde{r}_{i,2}^{(k)}, \cdots, \tilde{r}_{i,17}^{(k)}) \\ &= \tilde{\omega}_1 \otimes \tilde{r}_{i,1}^{(k)} \oplus \tilde{\omega}_2 \otimes \tilde{r}_{i,2}^{(k)} \oplus \cdots \oplus \tilde{\omega}_m \otimes \tilde{r}_{i,17}^{(k)}\end{aligned} \quad (7\text{-}8)$$

其中：$i=1$，2，3；$k=1$，2，…，t。

(4) 利用 ULHA 算子对 t 位决策者给出的决策方案 x_i 的综合综合属性评估值 $\tilde{z}_i^{(k)}(\tilde{\omega})$（$i=1$，2，3；$k=1$，2，…，$t$）进行集结，得到决策方案 x_i 的群体综合属性评估值 $\tilde{z}_i(\lambda, w)$（$i=1$，2，3）：

$$\begin{aligned}\tilde{z}_i(\lambda, w) &= ULHA_{\lambda, w}(\tilde{z}_i^{(1)}(\tilde{\omega}), \tilde{z}_i^{(2)}(\tilde{\omega}), \cdots, \tilde{z}_i^{(t)}(\tilde{\omega})) \\ &= w_1 \tilde{v}_i^{(1)} \oplus w_2 \tilde{v}_i^{(2)} \oplus \cdots \oplus w_t \tilde{v}_i^{(t)}, \quad i=1,2,3\end{aligned} \quad (7\text{-}9)$$

其中 $w=(w_1, w_2, \cdots, w_t)$ 是 ULHA 算子的加权向量，$w_k \in [0, 1]$（$k=1$，2，…，t），$\sum_{k=1}^{t} w_k = 1$；$\tilde{v}_i^{(k)}$ 是一组加权的不确定语言变量（$t\lambda_1 \tilde{z}_i^{(1)}(\tilde{\omega}), t\lambda_2 \tilde{z}_i^{(2)}(\tilde{\omega}), \cdots, t\lambda_t \tilde{z}_i^{(t)}(\tilde{\omega})$）中第 k 大的元素，t 是决策者数量，由假设 6-2，$\lambda_1 = \lambda_2 = \cdots = \lambda_t = \dfrac{1}{t}$。

(5) 利用式（2-15）或（2-16）及定理 2-3，计算出各方案综合属性值 $\tilde{z}_i(\tilde{\omega})$（$i=1$，2，3）之间的可能度 $p_{ij} = p(\tilde{z}_i(\tilde{\omega}) \geqslant \tilde{z}_j(\tilde{\omega}))$（$i, j=1$，2，3），并建立可能度矩阵 $P=(p_{ij})_{3\times 3}$。

(6) 利用式（2-17）求得可能度矩阵 P 的排序向量 $v=(v_1, v_2, v_3)$，并按其分量大小对方案进行排序，得最优方案。

与前文分析同样的理由，基于 IA 算子和 ULHA 算子模型在决策过程中对指标权重也是采用了综合赋权的思想。

7.2.3 基于 UEOWA 和 ULHA 算子的群决策模型

7.2.3.1 模型假设

在前文假设的前提下，对假设 7-3 做如下具体化：

假设 7-3° 决策指标体系权重完全未知。

7.2.3.2 模型建立

依据假设 7-3^c，决策者由于自身知识的原因，无法给出指标体系的主观权重。但根据 2.4.2.2 小节的分析，可以根据客观赋权的方法来决定决策指标体系的权重向量。UEOWA 算子就是依据指标所在位置对其进行客观赋权并将指标评判矩阵集结在一起的属性集结函数。

（1）集结算子：

定义 7-4 设 $UEOWA: \tilde{S}^n \to \tilde{S}$，若

$$UEOWA_w(\tilde{\mu}_1, \tilde{\mu}_2, \cdots, \tilde{\mu}_n) = w_1\tilde{v}_1 \oplus w_2\tilde{v}_2 \oplus \cdots \oplus w_n\tilde{v}_n \tag{7-10}$$

其中 $w = (w_1, w_2, \cdots, w_n)$ 是与函数 UEOWA 相关联的加权向量，$w_j \in [0,1]$，$j \in N$，$\sum_{j=1}^{n} w_j = 1$；$\tilde{S}$ 是不确定语言变量集，$\tilde{\mu}_i \in \tilde{S}$，且 $\tilde{v}_j$ 是一组不确定语言变量组（$\tilde{\mu}_1, \tilde{\mu}_2, \cdots, \tilde{\mu}_n$）中第 j 大的元素，则称函数 UEOWA 是不确定的扩展 OWA 算子[175]。

该算子的作用是根据指标所在位置进行赋权，并集结每个决策者对于所有指标的评估值得出关于决策方案的综合属性 x_i 评估值。

（2）模型建立：

采用 UEOWA 算子按指标所在进行赋权并对以不确定语言形式表达的指标评估矩阵进行集结，再采用 ULHA 算子对决策单体关于不同方案综合指标评估值进行集结，并对集结结果针对可能度进行排序，对工程总承包交易模式决策的概念模型（2-4）进行扩展可得到指标权重为区间数且指标评估矩阵为不确定语言的决策模型，即基于 UEOWA 算子和 ULHA 算子的决策模型：

$$v_P \left\{ ULHA_{\lambda,w'}^{(i)} \left[UEOWA_w^{(k,i)} \left(\tilde{r}_{ij}^{(k)} \right) \right] \right\} \tag{7-11}$$

式中 $\tilde{r}_{ij}^{(k)}$——决策者 d_k 给出方案 $x_i \in X$ 在指标 $u_j \in U$ 下的不确定语言评估值；

$UEOWA_w^{(k,i)}$——在指标位置权重向量 w 条件下，对决策者 d_k 给出方案 x_i 的所有指标评估值进行集结；

$ULHA_{\lambda,w'}^{(i)}$——在决策者权重向量 λ 和 ULHA 算子加权向量 w' 条件下对决策方案 x_i 进行群体综合属性评估值集结；由假设 7-2，$\lambda_1 = \lambda_2 = \cdots = \lambda_t = \frac{1}{t}$；

v_P——按决策方案群体综合属性评估集结结果计算的可能度矩阵的排序向量。

7.2.3.3 决策方法

模型（7-11）的决策步骤如下：

（1）决策者 d_k 给出方案 $x_i \in X$ （$i=1$，2，3）在指标 $u_j \in U$ （$j=1$，2，…，17）下的不确定语言评估值 $\tilde{r}_{ij}^{(k)}$，并得到评估矩阵 $\tilde{R}_k = (\tilde{r}_{ij}^{(k)})_{3 \times 17}$，$\tilde{r}_{ij}^{(k)} \in \tilde{S}$。

（2）利用 UEOWA 算子对评估矩阵 $\tilde{R}_k$ 中第 i 行的不确定语言评估信息进行集结，得到决策者 d_k 给出的决策方案 x_i 的综合属性评估值 $\tilde{z}_i^{(k)}(w)$ （$i=1$，2，3；$k=1$，2，…，t）：

$$\tilde{z}_i^{(k)}(w) = UEOWA_w (\tilde{r}_{i,1}^{(k)}, \tilde{r}_{i,2}^{(k)}, \cdots, \tilde{r}_{i,17}^{(k)}), \quad i=1,2,3; k=1,2,\cdots,t \qquad (7\text{-}12)$$

（3）利用 ULHA 算子对 t 位决策者给出的决策方案 x_i 的综合属性评估值 $\tilde{z}_i^{(k)}(w)$ （$i=1$，2，3；$k=1$，2，…，t）进行集结，得到决策方案 x_i 的群体综合属性评估值 $\tilde{z}_i(\lambda, w')$ （$i=1$，2，3）：

$$\begin{aligned}\tilde{z}_i(\lambda, w') &= ULHA_{\lambda, w'}(\tilde{z}_i^{(1)}, \tilde{z}_i^{(2)}, \cdots, \tilde{z}_i^{(t)}) \\ &= w_1 \tilde{v}_i^{(1)} \oplus w_2 \tilde{v}_i^{(2)} \oplus \cdots \oplus w_t \tilde{v}_i^{(t)}, \quad i=1,2,3\end{aligned} \qquad (7\text{-}13)$$

其中 $w=(w_1, w_2, \cdots, w_t)$ 是 ULHA 算子的加权向量，$w'_k \in [0, 1]$ （$k=1$，2，…，t），$\sum_{k=1}^{t} w'_k = 1$；$\tilde{v}_j^{(k)}$ 是一组加权的不确定语言变量 $(t\lambda_1 \tilde{z}_i^{(1)}(w), t\lambda_2 \tilde{z}_i^{(2)}(w),$ …，$t\lambda_t \tilde{z}_i^{(t)}(w))$ 中第 k 大的元素，t 是决策者数量，由假设 7-2，$\lambda_1 = \lambda_2 = \cdots = \lambda_t = \dfrac{1}{t}$。

（4）利用式（2-15）或（2-16）及定理 2-3，计算出各方案综合属性值 $\tilde{z}_i(\tilde{\omega})$ （$i=1$，2，3）之间的可能度 $p_{ij} = p(\tilde{z}_i(\lambda, w') \geq \tilde{z}_j(\lambda, w'))$ （$i, j=1$，2，3），并建立可能度矩阵 $P = (p_{ij})_{3 \times 3}$。

（5）利用式（2-17）求得可能度矩阵 P 的排序向量 $v=(v_1, v_2, v_3)$，并按其分量大小对方案进行排序，得最优方案。

由于缺乏指标权重的主观权重，该模型在集结过程中采用了客观赋权的方法。

7.3 决策支持系统设计构想

总承包工程交易模式 UMADM 过程涉及决策环境、决策指标体系、决策规则、决策判断矩阵等方面的大量数据的采集、加工、转换、传递及处理，而决策模型的运用又涉及较复杂的方法，可以使用决策支持系统（DSS）有效提高总承包工程交易模式 UMADM 的质量和效率。

7.3.1　总承包工程交易模式 UMADM 的 DSS 系统分析

7.3.1.1　系统目标

该系统的总目标是建设一个能够供项目业主和咨询人员综合建设项目、项目业主、建筑业、项目所属行业等各方面信息并对之进行有效利用的总承包交易模式不确定多属性决策支持系统，协助业主在特定的决策环境里根据业主特性、业主需求与偏好以及项目特性等因素选择最合适的总承包交易模式。具体的，该系统需要实现的目标如下：

（1）能够反映项目所属行业工程总承包现状、总承包企业特性、法律法规等决策环境信息。

（2）能够反映项目业主对于风险分配、设计参与、设备/材料采购参与等因素的偏好以及在项目质量、建设期限、项目投资等方面的需求信息。

（3）能够反映所建项目的项目规模、项目复杂程度、行业内已建或在建在类似项目的特性及其总承包交易绩效等信息。

（4）具备引导决策者在充分掌握以上各信息的前提下正确估量决策的不确定性并选择合适模型进行决策的核心功能。

（5）具备 DSS 结构合理、冗余小、可维护、可扩展等一般意义的特性。

7.3.1.2　系统结构

一般来讲，DSS 主要由人机接口部件、数据库、模型库、方法库、知识库等基本部件以及它们对应的管理系统组成[177]。数据库是以一定的组织方式存储在一起的数据集合；模型库是将众多的模型按一定的结构形式组织起来的模型及它们的表现形式的集合；方法库是处理数据的基本方法和标准算法的集合；知识库是经过分类组织的各种知识的集合，是数据库在知识领域的拓展和延伸；人机接口是连接计算机与决策者的终结纽带。

在体系结构上，系统的应用服务采用 B/S 结构，系统维护采用 C/S 结构，通过统一的系统结构设计、数据库结构设计、功能模块设计实现总承包工程交易模式 UMADM 与决策支持系统的紧密结合，构建统一的辅助决策软件平台。系统结构如图 7-1 所示。

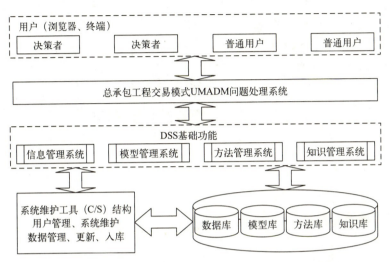

图 7-1 总承包工程交易模式 UMADM DSS 系统结构图

7.3.2 总承包工程交易模式 UMADM 的 DSS 总体设计

总承包工程交易模式 UMADM 的决策支持系统的功能结构如图 7-2 所示，模块结构如图 7-3 所示。

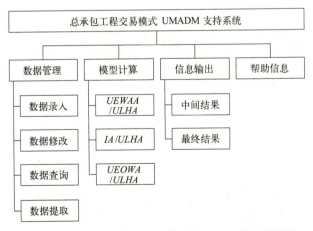

图 7-2 总承包工程交易模式 UMADM DSS 功能结构图

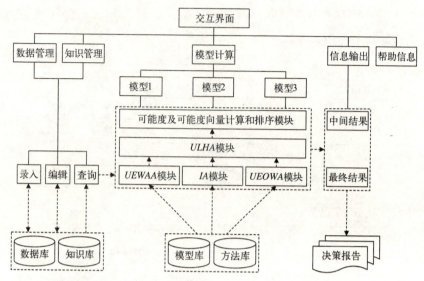

图 7-3　总承包工程交易模式 UMADM DSS 模块结构图

7.3.2.1　数据管理系统

主要实现对数据库结构的维护、修改以及对数据库存储数据的写入、修改、查询、提取等功能。数据库设计应进行正规化分析，符合三范式，在保证数据完整性及结构完备性的基础上，为保证系统的灵活性，数据库设计时，要结合评估实际情况，考虑数据之间的逻辑关系。数据库应包含以下数据单元：

（1）与特定决策事件直接相关的数据：决策者信息、决策者权重、备选方案、决策指标、决策指标权重、决策者对备选方案的评价等。

（2）与特定决策事件间接相关的数据：总承包工程类数据（如名称、投资额、建设期限、所属行业、总承包企业、项目总承包实绩等）、总承包企业类数据（如企业名录、企业总承包实绩、企业履约情况等）。

7.3.2.2　方法管理系统

主要通过内部的数据管理系统实现对存储数据的处理。本系统的方法应包括以下模块：

（1）根据 UEWAA 算子、IA 算子、UEOWA 算子和 ULHA 算子的计算方法分别编制的各算子算法模块。

（2）根据可能度、可能度向量计算和排序方法分别编制的可能度、可能度向量、可能度排序模块。

（3）根据不确定语言评估标度编制的专家计分模块。

（4）数据查询、输入输出等一般概念的模块。

7.3.2.3　模型管理系统

主要通过对各种参数以及方法库中各模块的调用形成不同的决策模型，该系统应具备以下功能：

（1）模型库与模型字典的定义、建立、存储、查询、修改、删除、插入以及重构等。

（2）模型的选择、建立、拼接和组合，提供根据用户命令将简单的子模型构造成复杂模型的手段。

（3）模型的运行控制。从调用者获取输入参数，传给模型并使模型运行，最后把输出参数返回到调用者[178]。

7.3.2.4　知识管理系统

主要实现对知识库中的知识进行增加、删除、修改、检验等功能。知识库是随着对 DSS 的智能化要求而引入的，包含了在解决问题时所使用的知识，即那些既不能用模型描述、也无固定方法的专门知识和历史经验，为系统的工作提供了依据[179]。总承包工程交易模式 UMADM 问题既要涉及到数据库中所存储的数据单元，也需要大量的总承包工程案例、相关法律法规文件等的支持。同时，出于加强在我国推行工程总承包制度的考虑，也可以把工程总承包基本理论、研究进展、国内外工程总承包实践状况、国内外工程总承包典型案例等也囊括进本系统的知识库。

7.4　模型应用

7.4.1　案例背景

7.4.1.1　案例描述

某市环球金融中心是以日本某株式会社为发起人，联合日本、美国等 40

多家企业投资兴建的是一幢以办公为主，集商贸、宾馆、观光、展览及其他公共设施于一体的大型超高层建筑。按照设计规划，该项目地下3层，地上101层。地下2层与地上2层将作为商业设施和停车场，3～5层是会议设施，6层至77层为约3300平方米的办公楼，其中有两个空中门厅，分别在28～29层及52～53层，每相隔12层设置一个紧急避难层。79层至93层是五星级酒店，94、97和100层为观光、观景设施。该项目地上高达492m，完工后将会成为未来世界最高的观景台，属世界最高建筑物之一。该项目地块面积为3万m^2，总建筑面积预计38万m^2，投资估算逾10亿美元。

该项目为型钢混凝土组合结构和钢结构，由核心筒结构、巨型柱、巨型斜撑、带状桁架、伸臂桁架、转换层桁架、劲性桁架和90层以上的压顶桁架组成主要的受力结构。抗震等级达特一级，为世界超高层建筑结构所罕见。

为提高遭遇强风时大厦酒店员工和办公人员使用环境的舒适性，在90层设计了两台用来抑制建筑物由于强风引起摇晃的风阻尼器，这是中国大陆地区首座使用风阻尼器装置的超高层建筑。

对由于大楼的建筑高度以及各楼层功能的不同，在防火设计中已经采取了特殊防火措施，对中央空调通风系统的设备及安装提出了关于抗震、防震、防腐和降噪等方面较高的要求。

总体来说，该项目工程复杂，规模较大。业主方决定采用总承包模式，并对项目的工期、质量提出了较高的要求。

7.4.1.2 案例决策过程

本文聘请三位专家作为项目决策分析者。经专家一起协商，决定了如下共同的决策偏好：能促进总承包企业发挥自主性，便于其在工程建设中开展创新活动；尽量少的工程纠纷与索赔事件发生。但三位专家未在初步设计以后业主方提供的设计深度、业主参与设备/材料采购程度以及参与方风险分担的程度等方面达成一致协议。

三位专家分别按照本文所建立的三个模型对案例项目进行决策分析，采用不确定评估语言标度针对本文所建立的17项决策指标分别对D-B、EPC和

Turnkey 三种备选模式逐一评价，建立决策判断矩阵（表 7-1）。

备选方案决策矩阵 $\tilde{R}_i$　　　　表 7-1

$\tilde{R}_i$	专家 1			专家 2			专家 3		
	D-B	EPC	Turnkey	D-B	EPC	Turnkey	D-B	EPC	Turnkey
u_1	$[s_{-2}, s_{-1}]$	$[s_2, s_3]$	$[s_2, s_3]$	$[s_{-2}, s_0]$	$[s_1, s_3]$	$[s_1, s_3]$	$[s_0, s_1]$	$[s_1, s_2]$	$[s_2, s_3]$
u_2	$[s_{-1}, s_0]$	$[s_{-2}, s_{-1}]$	$[s_{-3}, s_{-1}]$	$[s_{-2}, s_{-1}]$	$[s_0, s_1]$	$[s_0, s_1]$	$[s_2, s_3]$	$[s_1, s_2]$	$[s_0, s_2]$
u_3	$[s_{-1}, s_1]$	$[s_{-1}, s_1]$	$[s_{-1}, s_1]$	$[s_{-3}, s_{-2}]$	$[s_1, s_2]$	$[s_1, s_2]$	$[s_1, s_2]$	$[s_1, s_3]$	$[s_1, s_3]$
u_4	$[s_2, s_3]$	$[s_1, s_2]$	$[s_{-1}, s_2]$	$[s_0, s_2]$	$[s_1, s_2]$	$[s_1, s_2]$	$[s_2, s_3]$	$[s_1, s_3]$	$[s_1, s_3]$
u_5	$[s_{-3}, s_{-1}]$	$[s_1, s_2]$	$[s_2, s_3]$	$[s_0, s_2]$	$[s_2, s_3]$	$[s_1, s_2]$	$[s_{-1}, s_1]$	$[s_1, s_3]$	$[s_2, s_3]$
u_6	$[s_1, s_2]$	$[s_2, s_3]$	$[s_2, s_3]$	$[s_2, s_3]$	$[s_1, s_2]$	$[s_{-1}, s_1]$	$[s_2, s_3]$	$[s_{-1}, s_1]$	$[s_{-2}, s_{-1}]$
u_7	$[s_{-2}, s_{-1}]$	$[s_2, s_3]$	$[s_0, s_2]$	$[s_1, s_2]$	$[s_2, s_3]$	$[s_{-1}, s_1]$	$[s_{-2}, s_0]$	$[s_0, s_1]$	$[s_0, s_1]$
u_8	$[s_1, s_2]$	$[s_2, s_3]$	$[s_2, s_3]$	$[s_{-2}, s_{-1}]$	$[s_0, s_2]$	$[s_1, s_2]$	$[s_{-3}, s_{-2}]$	$[s_{-2}, s_{-1}]$	$[s_{-1}, s_0]$
u_9	$[s_0, s_1]$	$[s_2, s_3]$	$[s_2, s_3]$	$[s_1, s_2]$	$[s_{-1}, s_0]$	$[s_{-1}, s_0]$	$[s_2, s_3]$	$[s_{-1}, s_0]$	$[s_{-2}, s_{-1}]$
u_{10}	$[s_{-1}, s_0]$	$[s_1, s_2]$	$[s_1, s_2]$	$[s_{-3}, s_{-2}]$	$[s_1, s_2]$	$[s_1, s_3]$	$[s_{-3}, s_{-2}]$	$[s_{-2}, s_{-1}]$	$[s_{-1}, s_0]$
u_{11}	$[s_1, s_2]$	$[s_2, s_3]$	$[s_1, s_3]$	$[s_{-2}, s_{-1}]$	$[s_1, s_2]$	$[s_1, s_2]$	$[s_0, s_1]$	$[s_1, s_2]$	$[s_1, s_3]$
u_{12}	$[s_{-1}, s_1]$	$[s_2, s_3]$	$[s_1, s_3]$	$[s_2, s_3]$	$[s_1, s_2]$	$[s_1, s_2]$	$[s_{-3}, s_{-2}]$	$[s_0, s_2]$	$[s_1, s_3]$
u_{13}	$[s_1, s_2]$	$[s_2, s_3]$	$[s_2, s_3]$	$[s_2, s_3]$	$[s_1, s_2]$	$[s_0, s_1]$	$[s_{-1}, s_0]$	$[s_1, s_2]$	$[s_2, s_3]$
u_{14}	$[s_2, s_3]$	$[s_2, s_3]$	$[s_1, s_2]$	$[s_1, s_3]$	$[s_0, s_1]$	$[s_{-2}, s_{-1}]$	$[s_1, s_2]$	$[s_{-2}, s_{-1}]$	$[s_{-3}, s_{-2}]$
u_{15}	$[s_2, s_3]$	$[s_1, s_2]$	$[s_0, s_1]$	$[s_{-1}, s_0]$	$[s_{-2}, s_0]$	$[s_{-3}, s_{-1}]$	$[s_2, s_3]$	$[s_0, s_1]$	$[s_{-3}, s_{-1}]$
u_{16}	$[s_1, s_2]$	$[s_2, s_3]$	$[s_1, s_2]$	$[s_{-2}, s_{-1}]$	$[s_{-3}, s_{-1}]$	$[s_{-3}, s_{-2}]$	$[s_{-1}, s_0]$	$[s_{-3}, s_{-1}]$	$[s_{-3}, s_{-2}]$
u_{17}	$[s_1, s_2]$	$[s_1, s_2]$	$[s_1, s_2]$	$[s_2, s_3]$	$[s_{-1}, s_1]$	$[s_{-1}, s_0]$	$[s_3, s_3]$	$[s_1, s_2]$	$[s_0, s_1]$

然后采用不同 UMADM 模型对判断矩阵进行集结，为此需进行以下准备工作：

（1）为模型（7-3）确定决策指标体系实数型权重向量和 *ULHA* 算子确定加权向量。

(2) 为模型（7-7）确定决策指标体系区间型权重向量和 $ULHA$ 算子确定加权向量。

(3) 为模型（7-11）确定 $UEOWA$ 算子加权向量和 $ULHA$ 算子确定加权向量。

将获得的决策判断矩阵以及各权重向量输入本文所开发的决策支持系统原型，分别采用三种决策模型中进行备选方案排序，并决定每种决策模型下最优的总承包交易模式。

7.4.2 权重确定

7.4.2.1 决策指标实数型权重

由于不同指标对总承包工程交易模式决策的影响程度不同，应根据每个指标的重要程度，分别赋予相应的权重系数。本文采用 AHP 法来分配不同层次的指标的权重系数。

(1) 构造判断矩阵。聘请 50 位专家基于 Satty1-9 标度法分别构造总承包工程交易模式决策指标体系各层级的判断矩阵。

(2) 各层级指标权重计算及一致性检验。分别对各判断矩阵进行数据标准化处理，计算其最大特征根，计算各层级指标相对权重并对其进行一致性检验，对于未通过一致性检验的判断矩阵按照前瞻算法进行调整并重复上述工作直至达到一致性检验要求[180]。

(3) 综合指标权重计算及一致性检验。根据上一步得到的各层级 CI、RI 值以及各指标权重，计算综合指标权重，并进行一致性检验。

决策指标实数型权重判断矩阵及计算结果见表 7-2～表 7-7。

表 7-2 判断矩阵 A-B 各指标权判断矩阵

指标	B_1	B_2	B_3	B_4
B_1	1	1/4	1	1/2
B_2	4	1	2	3
B_3	1	1/2	1	1/2
B_4	2	1/3	2	1

判断矩阵 B_1-U 各指标权判断矩阵　　　　表 7-3

B_1-U	u_1	u_2
u_1	1	3
u_2	1/3	1

判断矩阵 B_2-U 各指标权判断矩阵　　　　表 7-4

B_2-U	u_3	u_4	u_5	u_6	u_7	u_8	u_9	u_{10}	u_{11}
u_3	1	1	2	2	1/3	1/5	1/2	2	1/7
u_4	1	1	1	3	1	1/2	2	5	1/4
u_5	1/2	1	1	2	1	1/2	1	6	1/2
u_6	1/2	1/3	1/2	1	1/2	1/2	1	3	1/3
u_7	3	1	1	2	1	1	2	7	1/3
u_8	5	2	2	2	1	1	2	7	1
u_9	2	1/2	1	1	1/2	1/2	1	4	1/2
u_{10}	1/2	1/5	1/7	1/3	1/7	1/7	1/4	1	1/7
u_{11}	6	4	2	3	3	1	2	7	1

判断矩阵 B_3-U 各指标权判断矩阵　　　　表 7-5

B_3-U	u_{12}	u_{13}
u_{12}	1	1/3
u_{13}	3	1

判断矩阵 B_4-U 各指标权判断矩阵　　　　表 7-6

B_4-U	u_{14}	u_{15}	u_{16}	u_{17}
u_{14}	1	3	3	3
u_{15}	1/3	1	2	3
u_{16}	1/3	1/2	1	3
u_{17}	1/3	1/3	1/3	1

判断矩阵 A-B 各指标实数型权重值计算及一致性检验　　表 7-7

	u_j	B_1 0.1279	B_2 0.4783	B_3 0.1579	B_4 0.2358	ω_j	一致性检验	综合一致性检验
B_1	u_1	0.7500				0.0959	$\lambda_{max}=2$ $CI=0$	A-B 指标一致性检验： $\lambda_{max}=4.1179$ $CI=0.0393$ $RI=0.90$ $CR=0.0437$ <0.1
	u_2	0.2500				0.0320		
B_2	u_3		0.0731			0.0350	$\lambda_{max}=9.6277$ $CI=0.0785$ $RI=1.45$ $CR=0.0541$ <0.1	
	u_4		0.1088			0.0520		
	u_5		0.0989			0.0473		
	u_6		0.0613			0.0293		
	u_7		0.1313			0.0628		
	u_8		0.1807			0.0864		
	u_9		0.0838			0.0401		
	u_{10}		0.0225			0.0108		
	u_{11}		0.2396			0.1146		综合一致性检验： $CI=0.0546$ $RI=0.9058$ $CR=0.0996$ <0.1
B_3	u_{12}			0.2500		0.0395	$\lambda_{max}=2$ $CI=0$	
	u_{13}			0.7500		0.1184		
B_4	u_{14}				0.4736	0.1117	$\lambda_{max}=4.2174$ $CI=0.0725$ $RI=0.90$ $CR=0.0805$ <0.1	
	u_{15}				0.2473	0.0583		
	u_{16}				0.1820	0.0429		
	u_{17}				0.0971	0.0229		

7.4.2.2　决策指标区间数型权重

按照 2.4.2.1 小节所述的方法对总承包工程交易模式不确定多属性决策的评价指标权重向量进行区间估计。

以评价指标 B_1 的权重为例，采用式（2-9）建立以下线性规划模型计算指标权重区间的估计下限：

$$\min = \omega_{B1}$$

$$s.t. \begin{cases} -3.1179\omega_{B1}+0.25\omega_{B2}+\omega_{B3}+0.5\omega_{B4} \leqslant 0 \\ 4\omega_{B1}-3.1179\omega_{B2}+\omega_{B3}+3\omega_{B4} \leqslant 0 \\ \omega_{B1}+0.5\omega_{B2}+3.1179\omega_{B3}+0.5\omega_{B4} \leqslant 0 \\ 2\omega_{B1}+0.3333\omega_{B2}+2\omega_{B3}-3.1179\omega_{B4} \leqslant 0 \\ \omega_{B1}+\omega_{B2}+\omega_{B3}+\omega_{B4}=1 \\ 0 \leqslant \omega_{B1},\ \omega_{B2},\ \omega_{B3},\ \omega_{B4} \leqslant 1 \end{cases}$$

采用式（2-9）建立以下线性规划模型计算指标 B_1 的权重区间估计上限：

$$s.t. \begin{cases} \max = \omega_{B1} \\ -3.1179\omega_{B1}+0.25\omega_{B2}+\omega_{B3}+0.5\omega_{B4} \leqslant 0 \\ 4\omega_{B1}-3.1179\omega_{B2}+\omega_{B3}+3\omega_{B4} \leqslant 0 \\ \omega_{B1}+0.5\omega_{B2}-3.1179\omega_{B3}+0.5\omega_{B4} \leqslant 0 \\ 2\omega_{B1}+0.3333\omega_{B2}+2\omega_{B3}-3.1179\omega_{B4} \leqslant 0 \\ \omega_{B1}+\omega_{B2}+\omega_{B3}+\omega_{B4}=1 \\ 0 \leqslant \omega_{B1},\ \omega_{B2},\ \omega_{B3},\ \omega_{B4} \leqslant 1 \end{cases}$$

运行 LINGO10.0 软件分别对上述线性规划问题求解，得指标 B_1 权重区间估计下限为 0.1262，上限为 0.1402。

同样的方法可得其他各层级指标区间型权重的下限和上限，结果如表 7-8 所示。

7.4.2.3 ULHA 算子及 UEOWA 算子加权向量

ULHA 算子加权向量是三个决策模型的共用算子，不失一般性，均按照式（2-7）、式（2-8）在语义量词为"大多数"的情形时为其权重赋值，得加权向量为 $(0.067,\ 0.666,\ 0.267)^T$。

采取式（2-12）为 UEOWA 算子的加权向量在 $\alpha=0.3$，$\beta=0.4$ 条件下赋值，得 (0.418, 0.018, 0.018, 0.018, 0.018, 0.018, 0.018, 0.018, 0.018, 0.018, 0.018, 0.018, 0.018, 0.018, 0.018, 0.018, 0.018, 0.318)^T。

各指标区间型权重值　　　　　　　　　　表 7-8

u_j		B_1 [0.1262,0.1402]	B_2 [0.4556,0.4855]	B_3 [0.1556,0.1716]	B_4 [0.2327,0.2559]	ω_j
B_1	u_1	[0.7500,0.7500]				[0.094,0.105]
	u_2	[0.2500,0.2500]				[0.031,0.035]
B_2	u_3		[0.0712,0.0713]			[0.032,0.035]
	u_4		[0.1049,0.1079]			[0.048,0.052]
	u_5		[0.0952,0.0978]			[0.043,0.047]
	u_6		[0.0589,0.0605]			[0.027,0.029]
	u_7		[0.1298,0.1337]			[0.059,0.065]
	u_8		[0.1829,0.1877]			[0.083,0.091]
	u_9		[0.0834,0.0858]			[0.038,0.042]

续表

u_j		B_1 [0.1262,0.1402]	B_2 [0.4556,0.4855]	B_3 [0.1556,0.1716]	B_4 [0.2327,0.2559]	ω_j
B_2	u_{10}		[0.0222,0.0229]			[0.010,0.011]
	u_{11}		[0.2454,0.2512]			[0.112,0.122]
B_3	u_{12}			[0.2500,0.2500]		[0.039,0.172]
	u_{13}			[0.7500,0.7500]		[0.117,0.129]
B_4	u_{14}				[0.4825,0.4832]	[0.112,0.124]
	u_{15}				[0.2469,0.2476]	[0.057,0.063]
	u_{16}				[0.1759,0.1764]	[0.041,0.045]
	u_{17}				[0.0939,0.0941]	[0.022,0.024]

7.4.3 模型计算

7.4.3.1 基于 UEWAA 和 ULHA 算子的群决策模型的应用

（1）利用 UEWAA 算子对评估矩阵 $\tilde{R}_i$ 进行集结，得决策方案综合属性评估值 $\tilde{z}_i^{(k)}(\omega)$：

$$\tilde{z}_i^{(1)}(\omega) = 0.0959 \times [s_{-2}, s_{-1}] \oplus 0.0320 \times [s_{-1}, s_0] \oplus 0.0350 \times [s_{-1}, s_1]$$
$$\oplus 0.0520 \times [s_2, s_3] \oplus 0.0473 \times [s_{-3}, s_{-1}] \oplus 0.0293 \times [s_1, s_2]$$
$$\oplus 0.0628 \times [s_{-2}, s_{-1}] \oplus 0.0864 \times [s_1, s_2] \oplus 0.0401 \times [s_0, s_1]$$
$$\oplus 0.0108 \times [s_{-1}, s_0] \oplus 0.1146 \times [s_1, s_2] \oplus 0.0395 \times [s_{-1}, s_1]$$
$$\oplus 0.1184 \times [s_1, s_2] \oplus 0.1117 \times [s_2, s_3] \oplus 0.0583 \times [s_2, s_3]$$
$$\oplus 0.0429 \times [s_1, s_2] \oplus 0.0229 \times [s_1, s_2]$$
$$= [s_{0.2819}, s_{2.0139}]$$

类似地可得其他综合评估值如表 7-9 所示。

综合属性评估值 $\tilde{z}_i^{(k)}$　　　　　　表 7-9

方案 m \ 专家 i	专家 1	专家 2	专家 3
D-B	$[s_{0.2819}, s_{2.0139}]$	$[s_{-0.3045}, s_{1.2467}]$	$[s_{-0.1055}, s_{1.8221}]$
EPC	$[s_{1.5755}, s_{4.0278}]$	$[s_{0.4074}, s_{2.6852}]$	$[s_{-0.0978}, s_{1.918}]$
Turnkey	$[s_{0.9942}, s_{3.5483}]$	$[s_{-0.2006}, s_{1.8221}]$	$[s_{-0.1104}, s_{1.5344}]$

(2) 利用 ULHA 算子对 $\tilde{z}_i^{(k)}$ 进行集结，得决策方案 x_i 的群体综合属性评估值 $\tilde{z}_i(\lambda, w)$：

$\tilde{z}_1(\lambda, w) = 0.067 \times [s_{0.2819}, s_{2.0139}] \oplus 0.666 \times [s_{-0.1055}, s_{1.8221}] \oplus 0.267 \times [s_{-0.3045}, s_{1.2467}]$
$= [s_{-0.1327}, s_{1.6813}]$

类似可得：

$\tilde{z}_2(\lambda, w) = [s_{0.3508}, s_{2.5703}]$；$\tilde{z}_3(\lambda, w) = [s_{-0.0605}, s_{1.7461}]$

(3) 计算 $\tilde{z}_i(\lambda, w)$ 相互间的可能度，建立可能度矩阵：

$$P = \begin{bmatrix} 0.5 & 0.3299 & 0.4811 \\ 0.6701 & 0.5 & 0.6534 \\ 0.5189 & 0.3466 & 0.5 \end{bmatrix}$$

(4) 计算可能度矩阵 P 的排序向量：

$$v = (0.3018, 0.3873, 0.3109)$$

按其分量大小对备选方案进行排序，得：

$$x_2 \succ x_3 \succ x_1$$

故最优方案为 x_2，即 EPC 模式是本案例的最优交易模式。

7.4.3.2 基于 IA 和 ULHA 算子的群决策模型的应用

(1) 利用 IA 算子对评估矩阵 $\tilde{R}_i$ 进行集结，得决策方案综合属性评估值 $\tilde{z}_i^{(k)}(\tilde{\omega})$：

$\tilde{z}_1^{(1)}(\tilde{\omega}) = [0.094, 0.105] \otimes [s_{-2}, s_{-1}] \oplus [0.031, 0.035] \otimes [s_{-1}, s_0]$
$\oplus [0.032, 0.035] \otimes [s_{-1}, s_1] \oplus [0.048, 0.052] \otimes [s_2, s_3]$
$\oplus [0.043, 0.047] \otimes [s_{-3}, s_{-1}] \oplus [0.027, 0.029] \otimes [s_1, s_2]$
$\oplus [0.059, 0.065] \otimes [s_{-2}, s_{-1}] \oplus [0.083, 0.091] \otimes [s_1, s_2]$
$\oplus [0.038, 0.042] \otimes [s_0, s_1] \oplus [0.010, 0.011] \otimes [s_{-1}, s_0]$
$\oplus [0.112, 0.122] \otimes [s_1, s_2] \oplus [0.039, 0.172] \otimes [s_{-1}, s_1]$
$\oplus [0.117, 0.129] \otimes [s_1, s_2] \oplus [0.112, 0.124] \otimes [s_2, s_3]$
$\oplus [0.057, 0.063] \otimes [s_2, s_3] \oplus [0.041, 0.045] \otimes [s_1, s_2]$
$\oplus [0.022, 0.024] \otimes [s_1, s_2]$
$= [s_{0.102}, s_{1.65}]$

类似可得表 7-10。

综合属性评估值 $\tilde{z}_i^{(k)}$ 表 7-10

专家 i 方案 m	专家 1	专家 2	专家 3
D-B	$[s_{0.102}, s_{1.65}]$	$[s_{-0.378}, s_{1.396}]$	$[s_{-0.561}, s_{1.063}]$
EPC	$[s_{1.519}, s_{3.233}]$	$[s_{0.356}, s_{2.127}]$	$[s_{-0.159}, s_{1.487}]$
Turnkey	$[s_{0.948}, s_{2.92}]$	$[s_{-0.271}, s_{1.398}]$	$[s_{-0.201}, s_{1.608}]$

(2) 利用 ULHA 算子对 $\tilde{z}_i^{(k)}$ 进行集结，得决策方案 x_i 的群体综合属性评估值 $\tilde{z}_i(\lambda, w)$：

$$\tilde{z}_i(\lambda, \tilde{w}) = 0.067 \times [s_{0.102}, s_{1.65}] \oplus 0.666 \times [s_{-0.378}, s_{1.396}]$$
$$\oplus 0.267 \times [s_{-0.561}, s_{1.063}]$$
$$= [s_{-0.3947}, s_{1.3241}]$$

类似可得：

$$\tilde{z}_2(\lambda, \tilde{w}) = [s_{0.2964}, s_{2.0302}]; \tilde{z}_3(\lambda, \tilde{w}) = [s_{-0.1427}, s_{1.6398}]$$

(3) 计算 $\tilde{z}_i(\lambda, \tilde{w})$ 相互间的可能度，建立可能度矩阵：

$$P = \begin{bmatrix} 0.5 & 0.2977 & 0.4189 \\ 0.7023 & 0.5 & 0.6180 \\ 0.5811 & 0.3820 & 0.5 \end{bmatrix}$$

(4) 计算可能度矩阵 P 的排序向量：

$$v = (0.2861, 0.3867, 0.3272)$$

按其分量大小对备选方案进行排序，得：

$$x_2 \succ x_3 \succ x_1$$

故最优方案为 x_2，即 EPC 模式是本案例的最优交易模式。

7.4.3.3 基于 UEOWA 和 ULHA 算子的群决策模型的应用

(1) 利用 UEOWA 算子对评估矩阵 $\tilde{R}_i$ 进行集结，得决策方案综合属性评估值 $\tilde{z}_i^{(k)}(w)$：

$$\tilde{z}_1^{(1)}(w) = 0.418 \times [s_{-2}, s_{-1}] \oplus 0.018 \times [s_{-1}, s_0] \oplus 0.018 \times [s_{-1}, s_1] \oplus 0.018 \times [s_2, s_3]$$
$$\oplus 0.018 \times [s_{-3}, s_{-1}] \oplus 0.018 \times [s_1, s_2] \oplus 0.018 \times [s_{-2}, s_{-1}]$$
$$\oplus 0.018 \times [s_1, s_2] \oplus 0.018 \times [s_0, s_1] \oplus 0.018 \times [s_{-1}, s_0]$$
$$\oplus 0.018 \times [s_1, s_2] \oplus 0.018 \times [s_{-1}, s_1] \oplus 0.018 \times [s_1, s_2]$$

$\oplus 0.018 \times [s_2, s_3] \oplus 0.018 \times [s_2, s_3] \oplus 0.018 \times [s_1, s_2]$

$\oplus 0.318 \times [s_1, s_2]$

$=[s_{-0.482}, s_{2.0139}]$

类似方法可得表 7-11。

综合属性评估值 $\tilde{z}_i^{(k)}$ 表 7-11

方案 m \ 专家 i	专家 1	专家 2	专家 3
D-B	$[s_{-0.482}, s_{2.0139}]$	$[s_{-0.308}, s_{1.2467}]$	$[s_{0.918}, s_{1.8221}]$
EPC	$[s_{1.496}, s_{4.0278}]$	$[s_{0.19}, s_{2.6852}]$	$[s_{0.646}, s_{1.918}]$
Turnkey	$[s_{1.334}, s_{3.5483}]$	$[s_{0.0280}, s_{1.8221}]$	$[s_{0.71}, s_{1.5344}]$

(2) 利用 ULHA 算子对 $\tilde{z}_i^{(k)}$ 进行集结，得决策方案 x_i 的群体综合属性评估值 $\tilde{z}_i(\lambda, w')$：

$\tilde{z}_1(\lambda, w') = 0.067 \times [s_{0.918}, s_{1.8221}] \oplus 0.666 \times [s_{-0.308}, s_{1.2467}] \oplus 0.267 \times [s_{-0.482}, s_{2.0139}]$

$= [s_{-0.2723}, s_{1.4901}]$

类似可得：

$\tilde{z}_2(\lambda, w') = [s_{0.5812}, s_{2.2642}]; \quad \tilde{z}_3(\lambda, w') = [s_{0.5697}, s_{1.7461}]$

(3) 计算 $\tilde{z}_i(\lambda, w')$ 相互间的可能度，建立可能度矩阵：

$$P = \begin{bmatrix} 0.5 & 0.2638 & 0.3132 \\ 0.7362 & 0.5 & 0.5926 \\ 0.6868 & 0.4074 & 0.5 \end{bmatrix}$$

(4) 计算可能度矩阵 P 的排序向量：

$v = (0.2628, 0.3881, 0.3490)$

按其分量大小对备选方案进行排序，得：

$x_2 \succ x_3 \succ x_1$

故最优方案为 x_2，即 EPC 模式是本案例的最优交易模式。

7.4.4 模型评价

根据假设条件的不同，三种模型（简称模型 1、模型 2、模型 3）分别适用于不同的决策环境：模型 1 适用于决策指标体系及其权重均已确定，但决策者（决策分析者）难以以确定的形式给出决策判断矩阵的情况；模型 2 适用于决策指标体系已确定，但决策指标的权重向量和决策判断矩阵难以确定的形式给出的情况；而模型 3 则适用于决策指标体系已确定，但决策判断矩阵难以确定的形式给出，并且出于主观或客观的原因决策指标的权重向量完全未知的决策情况。

在其他假设都相同的条件下，三种模型决策指标权重由确定的实数型变换为不确定的区间型以及完全未知型。结合各算子权重的含义可知，模型 1 和模型 2 均采用了主观赋权与客观赋权相结合的综合赋权方法，而模型 3 在未进行主观赋权的情况下，依靠位置赋权的方法弥补了不足；同时由于 ULHA 算子在三种模型中的共用，使模型不仅反映了决策矩阵元素本身的重要性程度，而且还反映了元素所在位置的重要性程度。

在决策判断矩阵一致的情况下，分别采用三种不同的模型对案例项目进行总承包工程交易模式不确定多属性决策，方案排序结果完全一致，也相互证明了模型的有效性。

在我国当前建筑业市场环境背景下，对于明显排斥其他两种总承包交易模式而仅仅适用于某特定交易模式的工程项目，不适用本文所构建的决策模型。另外，在实际应用中，决策结果的有效性依赖于决策专家给出的决策判断矩阵的准确性，因此，参与决策的专家应满足以下条件：

（1）具备关于各种不同工程交易模式的运行方式、运行绩效、适用条件等特征的较完备的知识储备。

（2）决策前应与项目业主进行充分沟通，以充分了解业主方的技术与管理能力、项目实施经验以及业主关于决策项目在功能、投资、建设期限、风险态度等方面的需求与偏好。

（3）对决策项目的建设规模和复杂性有较深刻的认识。

（4）对我国建筑业工程总承包实施现状有充分的了解，掌握工程总承包市场的相关法律法规条件，对承包企业的能力、经验、信誉等有较深入的认识。

（5）对各决策评价指标的含义及其对决策项目的影响有正确的认识。

7.5 本章小结

本章首先在第二章的基础上进一步设定了总承包工程交易模式 UMADM 决策的一般假设条件。在对指标权重向量相关假设分别进行实数型、区间型和完全未知三种具体化的条件下，构建了基于 $UEWAA$ 算子和 $ULHA$ 算子、基于 IA 算子和 $ULHA$ 算子、基于 $UEOWA$ 算子和 $ULHA$ 算子的三种总承包工程 UMADM 群决策模型，描述了其不同的决策方法和步骤。鉴于模型较复杂以及计算量较大，为了提高决策过程的质量和效率，对总承包工程 UMADM DSS 的开发进行了初步构思。

在案例分析中，分别确定了决策指标体系的实数型权重向量和区间数型权重向量，确定了 $ULHA$ 算子及 $UEOWA$ 算子加权向量；聘请三位决策专家针对所提出的案例设定了关于总承包工程交易模式的决策评价判断矩阵，对三种基于不确定多属性理论的总承包工程交易模式决策模型进行了验证。

结 论

本书从项目决策者的角度出发，主要基于不确定多属性决策理论和方法研究了业主方进行总承包工程交易模式选择的决策理论和方法。

总结全书，主要取得了如下创新性成果：

（1）揭示了现阶段我国工程项目业主关于总承包交易模式选择的决策偏好。通过实证研究发现：工程项目业主存在较强烈的设计参与偏好；工程项目投资额和建设期限对业主选择总承包交易模式的影响程度存在关联关系，而且其作用是同方向的，工程项目投资额的大小和建设期限的长短使业主在总承包交易模式的选择上存在不同偏好。同时，实证研究进一步验证了：目前我国工程总承包市场实践程度仍然较低，而且不同行业总承包普及率存在较大差异；尽管仍存在一定的不规范操作情况，但总体上项目参与各方能在形式上较严格地遵守相关法律法规，但我国现行法律法规体系的不完善对总承包制度的推行存在一定程度的阻碍。

（2）构建了总承包工程交易模式 UMADM 问题的决策属性集。在对我国工程总承包实践分析、对国外政府机构关于工程交易模式决策属性分析以及对国外相关文献研究的基础上，设定了我国总承包工程交易模式决策的属性集合；并通过市场调查，对初定的属性集合进行了重要性识别分析，研究了不同调查组别对该属性集合的认同度。从业主特性、业主需求与偏好、项目特性和市场条件四个方面设置了 17 个符合我国实际情况的总承包工程交易模式决策的评价因子；从业务范围、经济特征、参与主体能力要求、预期控制目标和适用性五个方面对三种总承包交易模式进行了比较研究；进而构造了总承包工程交易模式 UMADM 问题各决策指标的决策规则。

（3）构建了总承包工程交易模式 UMADM 问题的三种决策模型。在不同的假设条件下，引入不确定语言构造评价判断矩阵，为指标权重为实数、区间数和完全未知三种情况分别基于 $UEWAA$ 算子和 $ULHA$ 算子、IA 算子和 $ULHA$ 算子、$UEOWA$ 算子和 $ULHA$ 算子构建了三种不确定多属性决策模型，并阐述了三种模型的决策方法和步骤。通过案例分析验证了三种决策模型的有效性。

（4）设计了总承包工程交易模式 UMADM 问题的 DSS 原型。鉴于总承包工程交易模式的不确定多属性决策过程的复杂性，对其 DSS 建设做了初步构想，分析了 DSS 的系统目标与系统结构，并从数据管理系统、方法管理系统、

结 论

模型管理系统和知识管理系统4个方面对其总体设计做了研究。

本书基于不确定多属性理论对总承包工程交易模式决策问题进行了一定深度的研究，得出一些有益的结论，但在理论和实践方面仍有待于进一步提高和完善，以下方面尚需进一步研究和探讨：

(1) 将本书的研究思路、研究方法和技术以及所依据的理论和方法拓展到其他类别工程交易模式决策的研究当中。目前我国在工程交易模式决策问题上做出研究的学者屈指可数，该问题的研究价值未引起国内大多数学者正确认识和深入的思考，未得到足够的重视；但国外相关研究已相当丰富，研究内容涉及所有类型工程交易模式的决策研究范畴，而且该类研究迄今仍是国外工程管理界的研究热点，根据我国建筑业现状开展此类研究也具有较大理论和实践价值，本书的研究思路、方法和部分结论等可以为此类研究提供借鉴。

(2) 对总承包工程交易模式 UMADM 模型决策指标的灵敏性作进一步的研究。当决策指标权重分配不同时，决策结果可能会有变化；另外，对指标权重赋值方法的不同可能也会导致决策结果产生变异。可以通过决策指标权重的灵敏性分析，确定总承包工程交易模式 UMADM 问题的敏感指标和稳定指标，从而探寻为工程总承包相关决策问题创造有效宏观管理环境的关键环节。

(3) 建立总承包工程交易模式 UAMDM 问题的 DSS 系统。本书尚未对该系统业务流程、系统功能、数据流程等展开研究，下一步可以就以上问题做进一步的工作，借鉴美国建筑业协会(CII)和挪威 Boligbyggelags 协会(NBBL)所设计的工程交易模式决策 DSS 系统的做法，设计并建立可行的工程交易模式决策 DSS 系统，并将其推广到所有类型的建设项目。

附 录

附录1 总承包工程交易模式调查问卷

说明：本问卷的调查对象是发生在我国境内的总承包工程。工程总承包是指按照国家建设部2003年颁布的《关于培育发展工程总承包和工程项目管理企业的指导意见》中界定的设计—采购—施工（EPC）总承包、工程设计—施工（D-B）总承包、设计—采购总承包（E-P）、采购—施工总承包（P-C）等模式。本调查表中"工程总承包"不是指"施工总承包"。

1. 请问贵单位的性质（　　）

　　A.政府部门　　B.国有企业　　C.集体企业　　D.民营企业

　　E.外资企业　　F.其他

2. 若贵公司属于设计类或施工类企业，企业资质是＿＿，注册地点＿＿省（市）。

3. 若您对本调查结果有兴趣，请留下您的姓名与联系方式：＿＿＿＿＿＿。

4. 贵公司近五年做过的工程共有＿＿项，其中总承包工程＿＿＿项，请在下表填写总承包工程的基本情况。（若行数不足请自行加行）

总承包项目名称	项目所在地	项目所属行业	招标方式[①]	总承包模式	投资额（万元）	投资性质[②]	建设周期	甲方已提供设计的程度[③]

①招标方式：A 公开招标、B 邀请招标、C 协议招标；

②投资性质：A 国有投资、B 集体投资、C 私人投资、D 外资投资、E 多种投资的组合；

③甲方已经提供的设计程度：可按"A 设计规划、B 概念设计、C 方案设计、D 初步设计、E 扩初设计、F 部分施工图设计"等设计阶段填写；也可按照设计任务量的百分比填写。若全部设计都由总承包企业负责，则填写0。

附录2　总承包项目管理模式决策绩效的环境影响因素

问卷旨在获得总承包项目管理模式决策绩效的环境影响情况，您的答案对研究的科学性和完整性具有十分重要的意义，敬请您拨冗填写本问卷！

本问卷为匿名填写，答案无所谓对错，只需依照您的工作经验和实际情况认真填写即可。调研结果仅供学术研究之用，不会涉及个人隐私，衷心感谢您的支持与配合！

说明："工程总承包"是指总承包人受发包人委托，按照合同约定对工程建设项目的设计、采购、施工（含竣工验收）、试运行等实施阶段，实行全过程或者至少包括设计和施工的工程承包。按照上述定义，"总承包项目管理模式"包含：设计—施工（D-B）、设计—施工—采购（EPC）、交钥匙（Turnkey）总承包，本问卷中"总承包"区别于"施工总承包"。

一、基本信息

1. 您的职业

　　A. 建筑领域企业职员　　B. 科研人员　　C. 相关政府部门公务人员

2. 您的受教育程度

　　A. 大专及以下学历　　　　B. 本科学历

　　C. 硕士（包括在读）　　　D. 博士（包括在读）

3. 从事与建筑领域管理、研究、实践等相关工作的年限（选项包含上限，不包含下限）

　　A. ≤3年　　B. 3～6年　　C. 6～10　　D. 10～15　　E. >15年

4. 您目前的工作职务

　　A. 高层管理者　　B. 中层项目管理人员　　C. 基层管理人员

　　D. 一般员工　　　E. 其他

5. 您所在的单位在建筑行业中承担的角色

　　A. 业主单位　　B. 设计单位　　C. 咨询服务单位

　　D. 施工单位　　E. 政府主管部门

6. 您是否参与过以总承包模式实施的项目

A. 是   B. 否

二、总承包项目管理模式决策绩效的环境影响因素调查表

请您结合工作经验和实际情况给下列程度指标打分,在相应的序号下打"√"。

序号	潜在变量	影响因素名称
1	国外企业参与及总承包模式示范作用	国外总承包模式应用的示范作用 1. 非常弱 2. 比较弱 3. 一般 4. 比较强 5. 非常强
2		国外咨询机构的参与对我国总承包模式实施有重要影响 1. 非常不同意 2. 不同意 3. 一般 4. 同意 5. 非常同意
3		国外总承包企业的参与对我国总承包模式实施有重要影响 1. 非常不同意 2. 不同意 3. 一般 4. 同意 5. 非常同意
4	总承包知识成果及参与者能力	咨询机构的服务能力 1. 非常差 2. 比较差 3. 一般 4. 比较好 5. 非常好
5		总承包商的能力 1. 非常差 2. 比较差 3. 一般 4. 比较好 5. 非常好
6		总承包模式相关理论与实践研究成果的作用 1. 非常弱 2. 比较弱 3. 一般 4. 比较强 5. 非常强
7	总承包参与者数量	符合条件的总承包商的数量 1. 非常少 2. 比较少 3. 一般 4. 比较多 5. 非常多
8		符合条件的咨询服务机构的数量 1. 非常少 2. 比较少 3. 一般 4. 比较多 5. 非常多
9		总承包人才的数量 1. 非常少 2. 比较少 3. 一般 4. 比较多 5. 非常多
10	市场诚信与竞争状况	参与单位的企业诚信状况 1. 非常差 2. 比较差 3. 一般 4. 比较好 5. 非常好
11		有序的建筑市场竞争环境对总承包的实施有重要影响 1. 非常不同意 2. 不同意 3. 一般 4. 同意 5. 非常同意
12		企业诚信评价与诚信监管平台的作用 1. 非常差 2. 比较差 3. 一般 4. 比较好 5. 非常好
13	总承包政策法规	适用于总承包模式的建设项目审批程序对总承包实施有重要影响 1. 非常不同意 2. 不同意 3. 一般 4. 同意 5. 非常同意
14		适合于总承包的招投标、计价、评标办法对总承包实施有重要影响 1. 非常不同意 2. 不同意 3. 一般 4. 同意 5. 非常同意
15		完善的总承包企业资质管理体系对总承包的实施有重要影响 1. 非常不同意 2. 不同意 3. 一般 4. 同意 5. 非常同意

续表

序号	潜在变量	影响因素名称
16	政府推广	政府对总承包模式的宣传与扶持 1. 非常差　2. 比较差　3. 一般　4. 比较好　5. 非常好
17		总承包人才培养与人才引进政策 1. 非常差　2. 比较差　3. 一般　4. 比较好　5. 非常好
18	建设单位的态度与熟悉程度	对不同总承包模式的熟悉程度 1. 非常差　2. 比较差　3. 一般　4. 比较好　5. 非常好
19		招标前能明确提出项目的要求 1. 非常差　2. 比较差　3. 一般　4. 比较好　5. 非常好
20		认同总承包模式可能会带来较高的投标报价 1. 非常不同意　2. 不同意　3. 一般　4. 同意　5. 非常同意
21		有完善的总承包模式决策方法与流程 1. 非常不同意　2. 不同意　3. 一般　4. 同意　5. 非常同意

请您结合工作经验和项目实际实施的情况给下列程度指标打分。

序号	潜在变量	影响因素名称
1	决策绩效	能够快速地选择合适的总承包模式 1. 非常不符合　2. 不符合　3. 一般符合　4. 很符合　5. 非常符合
2		选择总承包模式在质量和功能方面 低于预期目标　　1　2　3　4　5　　高于预期目标
3		选择总承包模式在工期方面 低于预期目标　　1　2　3　4　5　　高于预期目标
4		选择总承包模式在成本方面 低于预期目标　　1　2　3　4　5　　高于预期目标

附录3 总承包工程交易模式决策属性调查表

专家简况调查表 附录3-1

工作地点		年　龄	
职　　称	☐高　☐中　☐初	从业年限	
联系电话		E-mail	
从业部门	☐政府　☐业主　☐建设　☐监理　☐高校　☐科研　☐咨询　☐银行 ☐保险　☐财会		

总承包工程交易模式决策属性重要性等级调查表 附录3-2

属性类别	序号	属　性	重要性等级				
			非常重要	比较重要	一般重要	稍微重要	不重要
			4	3	2	1	0
业主能力	1	业主方的工程技术与管理能力	☐	☐	☐	☐	☐
	2	业主方对于特定交易模式的工程经验	☐	☐	☐	☐	☐
业主偏好	3	业主对项目价格的需求	☐	☐	☐	☐	☐
	4	业主对项目整体进度的要求	☐	☐	☐	☐	☐
	5	业主对项目质量的需求	☐	☐	☐	☐	☐
	6	业主对设计的参与愿望	☐	☐	☐	☐	☐
	7	业主对设备/材料采购的参与愿望	☐	☐	☐	☐	☐
	8	业主对各参与方风险分担的态度	☐	☐	☐	☐	☐
	9	业主对工程纠纷的态度	☐	☐	☐	☐	☐
	10	业主对工程索赔的态度	☐	☐	☐	☐	☐
	11	业主对授标后工程变更的需求	☐	☐	☐	☐	☐
	12	业主对于促进建筑业创新的态度	☐	☐	☐	☐	☐
项目性质	13	项目规模	☐	☐	☐	☐	☐
	14	项目复杂程度	☐	☐	☐	☐	☐

续表

属性类别	序号	属性	重要性等级				
			非常重要	比较重要	一般重要	稍微重要	不重要
			4	3	2	1	0
市场条件	15	市场是否已存在类似项目	□	□	□	□	□
	16	适合特定交易模式的总承包企业的数量	□	□	□	□	□
	17	适合特定交易模式的总承包企业的能力	□	□	□	□	□
	18	总承包企业的类似工程经验	□	□	□	□	□
	19	总承包企业的普遍市场信誉	□	□	□	□	□
	20	法律法规的强制性招标要求对于实施该交易模式的限制	□	□	□	□	□

附录4　总承包工程资料统计

总承包项目名称	所在地	所属行业	招标方式	总承包模式	投资额	期限	业主设计程度
重庆市彭水县保家工业园区基础设施建设工程	重庆	市政环保	公开招标	EPC			初步设计
重庆市大渡口区E29、D11地块高压线搬迁工程	重庆	市政环保	公开招标	EPC			项目需求
重钢集团环保搬迁铁路专用线	重庆	交通运输	公开招标	EPC			概念设计
重庆自然博物馆北碚展厅和库房安全防范系统	重庆	房屋建筑	公开招标	Turnkey			项目需求
2008国际旅游小姐晚会	河南	其他	邀请招标	PC	5000	1	概念设计
摩尔国际商住大厦	河南	交通运输	公开招标	EPC	12000	26	扩初设计
郑州国家干线公路物流港工程	河南	房屋建筑	公开招标	PC	500000	36	扩初设计
河南省体育中心游泳馆	河南	房屋建筑	公开招标	PC	6000	13	扩初设计
20000m³ 低温乙烯终端和配套公用工程EPC项目中标公告	浙江	能源化工	公开招标	EPC			项目需求
宁波瑞福特气体储运有限公司20000m³ 低温乙烯终端及配套公用工程	浙江	能源化工	公开招标	EPC	13580	17	项目需求
炉外烟气脱硫除尘改造EPC总承包项目	浙江	能源化工	公开招标	EPC			项目需求
久丰热电氨肥法脱硫装置	浙江	能源化工	公开招标	EPC			项目需求
东西精华农科（苏州）有限公司综合服务用房工程	浙江	房屋建筑	邀请招标	EPC	1643	3	设计规划
云南昆钢师宗煤焦化工有限公司98万吨/年焦化项目	云南	冶金矿产	公开招标	Turnkey		8	项目需求
云南新立有色金属有限公司60kt/a氯化法钛白粉项目220kV总降压变电站	云南	冶金矿产	公开招标	EPC			项目需求

续表

总承包项目名称	所在地	所属行业	招标方式	总承包模式	投资额	期限	业主设计程度
云南驰宏锌锗股份有限公司会泽6万t/a粗铅、10万t/a电锌及综合渣利用项目	云南	冶金矿产	公开招标	Turnkey	269720	26	项目需求
玉溪新兴钢铁有限公司烧结烟气脱硫工程	云南	冶金矿产	公开招标	Turnkey		7	初步设计
昆钢公司（本部）工业废水"零排放"项目	云南	冶金矿产	公开招标	EPC		4	项目需求
红河钢铁有限公司260m^{2}烧结机工程	云南	冶金矿产	公开招标	EPC			项目需求
大红山铁矿扩产工程选矿系统深部铜矿150万t/a选矿及熔岩矿380万t/a选矿工程项目	云南	冶金矿产	公开招标	EPC		18	项目需求
中水处理系统工程	云南	市政环保	公开招标	EPC			项目需求
云天化国际化工股份有限公司三环分公司重钙造粒装置职业卫生综合治理项目工程	云南	能源化工	公开招标	EPC		4	项目需求
云南文山800kt/a氧化铝工程热电站锅炉、熔盐炉烟气脱硫系统	云南	能源化工	公开招标	Turnkey	121100	14	项目需求
云南电网公司红河供电局35kV及以下农村电网建设工程	云南	能源化工	公开招标	EPC	850	3	项目需求
云南阿墨江普西桥水电站施工电源项目	云南	能源化工	公开招标	EPC		24	初步设计
威信煤电一体化项目一期2×600MW电厂新建工程烟气脱硫	云南	能源化工	公开招标	EPC		22	初步设计
昆明焦化制气厂煤调湿装置项目工程	云南	能源化工	公开招标	EPC		4	可研报告
昆明冶研新材料股份有限公司3000kt/a多晶硅项目220kV总降压变电工程	云南	能源化工	公开招标	EPC			项目需求
昆明焦化制气厂80m^3/h生产废水回用工程	云南	能源化工	公开招标	Turnkey		4	项目需求

续表

总承包项目名称	所在地	所属行业	招标方式	总承包模式	投资额	期限	业主设计程度
云南电网公司迪庆供电局生产调度楼电梯安装工程	云南	房屋建筑	公开招标	PC			项目需求
云南普洱市碧云大桥工程	云南	交通运输	公开招标	D-B	23000	15	设计规划
昆钢氧气厂片低收入廉租房、经济适用房项目	云南	房屋建筑	公开招标	EPC		12	可研报告
昆钢南区农贸市场片廉租住房项目	云南	房屋建筑	公开招标	EPC		15	可研报告
镇康水泥建材有限公司2000t/d新型干法熟料水泥生产线工程	云南	材料化工	公开招标	EPC	2000	12	项目需求
新疆沙新堤土桥	新疆	水利工程	公开招标	D-B	10000	14	可研报告
国电新疆红雁池发电有限公司9号燃煤机组烟气脱硫	新疆	能源化工	公开招标	Turnkey			项目需求
天津军粮城发电有限公司5、6号燃煤锅炉烟气脱硫改造工程	天津	能源化工	公开招标	Turnkey			项目需求
成都市固体废弃物卫生处置场垃圾渗沥液处理工程	四川	市政环保	公开招标	Turnkey	1671		可研报告
都江堰市成阿公路灵岩山隧道建设工程	四川	交通运输	公开招标	Turnkey	13000		可研报告
成都工业职业技术学校建设项目	四川	房屋建筑	公开招标	D-B			设计规划
广东大鹏液化天然气LNG站线项目	广东	能源化工	邀请招标	EPC	260000	36	可研报告
广东CNG站线项目接收站工程	广东	能源化工	邀请招标	EPC	350000	36	项目需求
大鹏接收站可靠性项目	广东	能源化工	邀请招标	EPC	25000	24	可研报告
大鹏第三分LNG生产	广东	能源化工	协议招标	EPC	60000	30	可研报告
大鹏曹东项目	广东	能源化工	邀请招标	EPC	6000	18	可研报告
上海市固体废物处置中心二期第一、二条焚烧生产线改造工程	上海	市政环保	公开招标	EPC	4769		项目需求
上海漕泾热电有限责任公司应急锅炉脱硫系统改造项目	上海	能源化工	公开招标	EPC			项目需求

续表

总承包项目名称	所在地	所属行业	招标方式	总承包模式	投资额	期限	业主设计程度
上海工会管理职业学院奉贤校区大门钢结构工程	上海	房屋建筑	协议招标	EPC	380	1	设计规划
建配龙综合商业楼改扩建工程	上海	房屋建筑	邀请招标	EPC	232	6	设计规划
延长石油集团兴化节能及综合利用技术改造项目锅炉烟气氨法脱硫项目	陕西	能源化工	公开招标	EPC			项目需求
陕西延长石油兴化化工有限公司硝酸铵冷凝液回收装置	陕西	能源化工	公开招标	EPC		5	项目需求
年产8000t HFC-125技术改造项目	陕西	能源化工	公开招标	EPC		4	可研报告
寺河矿选煤厂配煤系统	山西	冶金矿产	公开招标	EPC			可研报告
刘庄场地建设工程	山西	冶金矿产	公开招标	D-B	8453	12	设计规划
山西省霍州市主城区污水处理厂及回用工程	山西	市政环保	公开招标	EPC		8	可研报告
山西三维甲醇裂解制氢装置建设项目	山西	其他	公开招标	EPC	6299	12	项目需求
山阴2×300MW煤矸石综合利用发电工程	山西	能源化工	公开招标	Turnkey	450000		可研报告
山西荣光风电有限责任公司神池风电工程（50MW以下）	山西	能源化工	公开招标	Turnkey		14	项目需求
山西古交电厂二期（2×600MW）扩建工程脱硫工程	山西	能源化工	公开招标	EPC			项目需求
联盛2×300MW煤矸石发电项目新建工程	山西	能源化工	公开招标	Turnkey	292400	36	项目需求
国电太一发电有限责任公司12号汽轮机通流改造总承包工程	山西	能源化工	公开招标	Turnkey			设计规划
头孢唑肟钠制剂生产车间净化系统工程	山西	机械电子	公开招标	EPC	73200	28	项目需求
医院住院楼工程太阳能中央热水工程总承包	山西	房屋建筑	公开招标	EPC		3	项目需求

续表

总承包项目名称	所在地	所属行业	招标方式	总承包模式	投资额	期限	业主设计程度
大同市2009年集中供热项目热网监控系统交钥匙工程	山西	房屋建筑	公开招标	Turnkey		2	项目需求
国电蓬莱发电有限公司2×330MW机组烟气脱硫改造工程及2×330MW机组烟囱防腐工程	山东	能源化工	公开招标	Turnkey	38000	13	可研报告
山师大长清新校区一期学生公寓	山东	房屋建筑	协议招标	D-B	650	3	设计规划
山东师范大学长清校区综合实验楼	山东	房屋建筑	协议招标	D-B	500	3	设计规划
润和山居	山东	房屋建筑	公开招标	D-B	4000	24	设计规划
济南市第一人民医院	山东	房屋建筑	公开招标	D-B		3	方案设计
青海云天化国际化肥有限公司磷复肥项目二期	青海	能源化工	公开招标	EPC		24	项目需求
宁夏英力特300t/d石灰工程	宁夏	冶金矿产	公开招标	EPC	3360	12	设计规划
内蒙古君正石灰工程	内蒙古	冶金矿产	公开招标	EPC	5880	11	设计规划
选煤厂设计、采购及施工总承包	宁夏	能源化工	公开招标	EPC		12	设计规划
神华宁煤集团年产6万吨聚甲醛项目循环水装置和污水处理装置	宁夏	市政环保	公开招标	EPC		13	初步设计
李家壕煤矿选煤厂（12.0Mt/a）	内蒙古	冶金矿产	公开招标	EPC	4300	12	初步设计
国电内蒙古东胜热电有限公司高压变频装置	内蒙古	能源化工	公开招标	EPC			初步设计
500kV伊冯大输变电工程	内蒙古	能源化工	公开招标	PC	34200	29	扩初设计
国电建投内蒙古能源有限公司布连电厂一期2×660MW超超临界燃煤空冷机组工程烟气脱硫岛	内蒙古	能源化工	公开招标	EPC			初步设计
矿上监测和监视系统工程	内蒙古	机械电子	公开招标	EPC		1	设计规划
红沿河核电	辽宁	能源化工	协议招标	EPC		60	初步设计

续表

总承包项目名称	所在地	所属行业	招标方式	总承包模式	投资额	期限	业主设计程度
国电辽宁节能环保开发有限公司3号（1×25MW）火电机组烟气脱硫	辽宁	能源化工	公开招标	EPC		8	扩初设计
国电电力大连庄河发电有限责任公司2×600MW岛	辽宁	能源化工	公开招标	EPC		10	项目需求
阜新金山煤矸石热电厂4×150MW新建工程	辽宁	能源化工	邀请招标	D-B			初步设计
沈阳地铁运营控制中心基坑及降水工程	辽宁	交通运输	公开招标	D-B	1210	2	初步设计
中油辽宁销售分公司沈阳东陵油库商业储备改扩建工程	辽宁	房屋建筑	公开招标	EPC		6	初步设计
吉林白城查干浩特风电场二期（15MW）	吉林	能源化工	公开招标	EPC			初步设计
国电九江发电厂1×330MW机组烟气脱硫（提效）改造工程	江西	能源化工	公开招标	Turnkey		8	项目需求
洋河污水处理厂二期工程	江苏	市政环保	公开招标	Turnkey	1300	5	项目需求
国电黄金埠发电有限公司2×600MW机组复用水系统改造工程	江西	能源化工	公开招标	Turnkey		3	项目需求
科创新城基础设施	江苏	市政环保	公开招标	EPC	340000	60	项目需求
地源热泵空调系统	江苏	市政环保	公开招标	PC		5	项目需求
德美瓦克张家港有机硅	江苏	材料化工	邀请招标	EPC	4000	24	初步设计
韶山市城区经济适用房项目	湖南	房屋建筑	公开招标	D-B		12	可研报告
国电青山热电有限公司一期（2×350MW）热电联产工程烟气脱硝装置	湖北	能源化工	公开招标	Turnkey			项目需求
国电长源汉川第一发电有限公司、湖北汉新发电有限公司2、3、4号汽轮机通流改造工程	湖北	能源化工	公开招标	EPC			设计规划
武汉大学深圳产业化基地	湖北	房屋建筑	公开招标	EPC	7000	12	初步设计
220kV乙烯输变电工程	黑龙江	能源化工	公开招标	PC		12	部分施工图

续表

总承包项目名称	所在地	所属行业	招标方式	总承包模式	投资额	期限	业主设计程度
国电前进1×25MW生物质发电工程	黑龙江	能源化工	公开招标	EPC		1	设计规划
国电红兴隆1×25MW生物质发电工程	黑龙江	能源化工	公开招标	EPC		12	初步设计
大唐七台河发电有限责任公司一期煤场挡风抑尘墙	黑龙江	能源化工	公开招标	EPC			初步设计
220kV开发输变电工程	黑龙江	能源化工	公开招标	PC		12	部分施工图
220kV化工输变电工程	黑龙江	能源化工	公开招标	PC		12	部分施工图
郑州枢纽郑州站西出口工程	河南	交通运输	公开招标	D-B	8000	12	初步设计
黑龙江司法警官职业学院在职教育基地及教师公寓	黑龙江	房屋建筑	公开招标	D-B			概念设计
国电豫源发电有限责任公司2×150MW火电机组循环硫化床锅炉脱硫提效工程	河南	能源化工	公开招标	EPC			概念设计
河北衡丰发电有限责任公司2号汽轮机通流改造工程	河北	能源化工	公开招标	EPC			概念设计
国电河北龙山发电有限责任公司2×600MW机组烟气脱硫提效改造	河北	能源化工	公开招标	EPC			概念设计
海口海事基地	海南	交通运输	公开招标	EPC	4750	24	初步设计
海南海事局玉包角雷达站挡土墙工程	海南	房屋建筑	公开招标	D-B	600	4	初步设计
水钢结构调整4号高炉工程	贵州	冶金矿产	公开招标	EPC			设计规划
遵义铝业股份有限公司环保节能技改项目铸造系统	贵州	能源化工	公开招标	EPC	7238		概念设计
贵州金赤化工有限责任公司桐梓煤化工一期工程成品贮运装置钢结构	贵州	能源化工	公开招标	EPC			设计规划
贵州金赤化工有限责任公司成品贮运装置钢结构	贵州	能源化工	公开招标	EPC			设计规划
湛江市雷州青年运河灌区续建配套与节水改造工程	广东	水利工程	公开招标	Turnkey	110600	36	设计规划

续表

总承包项目名称	所在地	所属行业	招标方式	总承包模式	投资额	期限	业主设计程度
国电南宁发电有限责任公司2×660MW机组新建工程烟气脱硝装置	广西	能源化工	公开招标	Turnkey			设计规划
海丰县公平水库除险加固工程	广东	水利工程	公开招标	Turnkey	90000	36	设计规划
东升镇污水处理厂	广东	市政环保	邀请招标	PC	2600	8	初步设计
迎亚运市政道路大中修工程2标	广东	市政环保	公开招标	D-B	4500	3	设计规划
迎亚运市政道路大中修工程1标	广东	市政环保	公开招标	D-B	4800	3	设计规划
深圳市宝安区白鸽湖垃圾焚烧处理厂垃圾渗沥液处理系统	广东	市政环保	公开招标	EPC		5	初步设计
惠州市大亚湾经济技术开发区中心区6号路西段	广东	市政环保	公开招标	EPC	16000	13	设计规划
广州市兴丰生活垃圾卫生填埋场渗滤液处理厂扩容工程	广东	市政环保	公开招标	Turnkey	27118	12	初步设计
广州市荔湾区河涌综合整治工程	广东	市政环保	公开招标	EPC	60000	14	项目需求
广州市海珠区调水补水工程	广东	市政环保	公开招标	EPC	56000	12	项目需求
大涌镇污水处理厂	广东	市政环保	邀请招标	PC	1513	10	初步设计
大雁印染废水污水厂	广东	市政环保	协议招标	EPC	1200	8	设计规划
延迟焦化（二）	广东	能源化工	协议招标	EPC	30000	10	初步设计
湛江东光炼油扩建	广东	能源化工	邀请招标	EPC	3000	10	初步设计
台山工程淡水水源工程	广东	能源化工	公开招标	EPC	27000	24	初步设计
岭澳二期核电	广东	能源化工	协议招标	EPC		60	初步设计
壳牌珠海润滑油厂工程	广东	能源化工	邀请招标	EPC	50000	15	扩初设计
广州珠江电厂4×300MW机组烟气脱硝技术改造项目	广东	能源化工	公开招标	Turnkey			设计规划
广州发电厂有限公司烟气湿法脱硫工程	广东	能源化工	公开招标	EPC			设计规划

续表

总承包项目名称	所在地	所属行业	招标方式	总承包模式	投资额	期限	业主设计程度
广佛地铁 9A 标	广东	交通运输	公开招标	D-B	24000	10	可研报告
广佛地铁 7 标	广东	交通运输	公开招标	D-B	18000	24	可研报告
广佛地铁 6 标	广东	交通运输	公开招标	D-B	25000	12	可研报告
广佛地铁 1 标	广东	交通运输	公开招标	D-B	42000	24	初步设计
广州西塔智能化系统	广东	机械电子	公开招标	EPC			初步设计
威立国际公寓	广东	房屋建筑	公开招标	D-B	48000	16	初步设计
新光快速路新光大桥泛光照明工程	广东	房屋建筑	公开招标	D-B	800		初步设计
广州南沙油库项目	广东	房屋建筑	公开招标	EPC	24060	12	可研报告
广州科学城通信枢纽楼	广东	房屋建筑	公开招标	PC	7100	10	项目需求
广州歌剧院建筑智能化系统	广东	机械电子	公开招标	Turnkey	2900	12	初步设计
广州南沙开发区小虎岛污水处理厂	广东	房屋建筑	公开招标	EPC	7000	5	初步设计
广东海上丝绸之路博物馆室内装修和文物陈列工程	广东	房屋建筑	公开招标	D-B	1800	2	方案设计
安美林新厂房扩建	广东	房屋建筑	邀请招标	EPC	2000	12	初步设计
8 万 t/ 年 MTBE	甘肃	能源化工	协议招标	EPC	13700	12	概念设计
7 万 t/ 年苯胺项目	甘肃	能源化工	协议招标	EPC	32000	15	概念设计
10 万 t/ 年轻烃罐区	甘肃	能源化工	协议招标	EPC	12000	11	概念设计
国电兰州热电有限责任公司热电联产扩建 (2×330MW) 工程	甘肃	能源化工	公开招标	EPC			设计规划
国电兰州热电有限责任公司 2×110MW 燃煤机组烟气脱硫	甘肃	能源化工	公开招标	EPC			设计规划
国电靖远发电有限公司 #2 炉烟气脱硫改造工程	甘肃	能源化工	公开招标	EPC			设计规划
中化泉州重油深加工项目配套码头工程 5～8 号泊位码头工程	福建	能源化工	公开招标	EPC			设计规划

续表

总承包项目名称	所在地	所属行业	招标方式	总承包模式	投资额	期限	业主设计程度
中化泉州石化项目汽柴油加氢装置	福建	能源化工	公开招标	EPC			设计规划
中化泉州石化项目气体分离、MTBE、产品精制装置工程	福建	能源化工	公开招标	EPC			设计规划
宁德核电	福建	能源化工	协议招标	EPC		60	初步设计
福建水泥股份有限公司炼石水泥厂8号窑纯低温余热发电站	福建	能源化工	公开招标	EPC			初步设计
门头沟区学校建筑物抗震加固项目	北京	房屋建筑	公开招标	D-B			设计规划
淮北国安电力有限公司1、2号炉电除尘增设干除灰和分选系统	安徽	能源化工	公开招标	EPC			设计规划

参考文献

[1] Emmerson Report. Report on the working party on the building industry. Ministry of Works, HMSO, London, 1962.

[2] Banwell Report. The placing and management of contracts for building and civil engineering work (Chairman Sir H. Banwell) [R]. Ministry of Public Buildings and Works, HMSO, London. 1964.

[3] University of Reading, Department of Construction Management. UK and us construction industries: A comparison of design and contract procedures. RICS, London, 1979.

[4] Songer A D and Molenaar KR. Selecting design-build: public and private sector owner attitudes. Journal of Management in Engineering, 1996, 12 (6): 47-53.

[5] Barbara J. Jackson. Design-Build education at associated schools of construction undergraduate programs. California Polytechnic State University, 2003.

[6] APC Chan, D Scott, EWM Lam. Framework of Success Criteria for Design/Build Projects. Journal of Management in Engineering, 2002, 18 (3): 120-128.

[7] Winch, G.M.. Zephyrs of creative destruction: understanding the management of innovation in construction. Building Research and Information, 1998, 26 (4): 268-79.

[8] Blayse, AM, and Manley, K.. Key influences on construction innovation. Construction Innovation, 2004, 4 (3): 143-154.

[9] Sai-On Cheung, Tsun-Ip Lam, Mei-Yung Leung, Yue-Wang Wan. An analytical hierarchy process based procurement selection method. Construction Management and Economics, 2001, 19 (4): 427-437.

[10] PED Love. Influence of Project Type and Procurement Method on Rework Costs in Building Construction Projects. Journal of Construction Engineering and Management, 2002, 128 (1), 18-29.

[11] APC Chan, D Scott, APL Chan. Factors Affecting the Success of a Construction Project. Journal of Construction Engineering and Management,

2004, 130 (1): 153-155.

[12] MD Dell'Isola, JP Licameli, C Arnold. How to form a decision matrix for selecting a project delivery system. Design-Build Strategies, 2008, 14: 2.

[13] Masterman, J. and Duff, A. (1994). The selection of building procurement systems by client organizations. Proceedings of the Wth Annual ARCOM Conference, 2, Skitmore, R.M. and Betts, M. (eds), Loughborough University of Technology, Association of Researchers in Construction Management, 650-659.

[14] A Griffith, JD Headley. Using a weighted score model as an aid to selecting procurement methods for small building works. Construction Management and Economics, 2003, (15): 341-348.

[15] M Skitmore, D Mardsen. Which Procurement System? Towards a Universal Procurement Selection Technique. Construction Management and Economics, 1988, (6): 71-89.

[16] John B. Miller, Roger H. Evje. The practical application of delivery methods to project portfolios. Construction Management and Economic, 1999,17(5): 669-677.

[17] Kumaraswamy, M., Dulaimi, M., 2001, Empowering innovative improvements through creative construction procurement. Engineering Construction and Architectural Management, 2001, 8(5-6): 325-35.

[18] Chimay J. Anumba, Nosa F. O. Evbuomwan Concurrent engineering in design-build projects. Construction Management and Economics, 1997,15(3): 271-281.

[19] Stuart Anderson, Adetokunbo Oyetunji. Selection Procedure for Project Delivery and Contract Strategy. ASCE Conference Proceedings, Stuart Anderson, Adetokunbo Oyetunji, 2003, 120(83).

[20] Michael J. Garvin. Role of project delivery systems in infrastructure improvement. Construction Research Congress — Winds of Change: Integration and Innovation of Construction Proceedings of Construction Research Congress, 2003.

[21] DBIA. An Introduction to Design-Build. DBIA ,1994.

[22] Roth, M. An empirical analysis of United States Navy design/build contracts. Master's thesis, Univ. of Texas at Austin, Tex, 1995.

[23] Bennett J, Pothecary E and Robinso G. Designing and Building a world-class industry, centre for strategic studies in construction. The University of Reading, Reading, 1996.

[24] Konchar, M., Sanvido, V.. Comparison of U.S. project delivery systems. J. Constr. Eng. Manage., 1998, 124(6): 435–444.

[25] Sanvido, Konchar. Seecting project delivery systems. DBIA , 1999.

[26] Molenaar, K., Songer, A., and Barash, M.. Public-sector design/build evolution and performance. J. Manage. Eng., 1999, 15(2): 54–62.

[27] Beard J, Loulakis M, & Wundram E. Design-Build: planning through development. McGraw-Hill, 2001.

[28] Alhazmi T and McCaffer R. Project procurement system selection model . Journal of Construction Engineering and Management, 2000, (5):176-84.

[29] PinnacleOne Pulse. Public owners use alternative delivery methods construction bulletin. Reed Business Information, US, Division of Reed Elsevier Inc. , 2005.

[30] Department of Architectural Engineering of Penn State University. Expect success:commercial contracting roundtable. Gale Group,Inc/Penton Media,Inc., 2005.

[31] Warne, T. R.. Design build contracting for highway projects: A performance assessment, Tom Warne & Associates, LLC. ,2005.

[32] PED Love, P Davis, D Baccarini, et al. Procurement selection in the public sector: a tale of two states. Clients Driving Innovation: Benefiting from Innovation Conference, , Gold Coast, Australia. 12-14 March, 2008.

[33] Darren R. Hale, P.E., Pramen P. Shrestha, P.E., G. Edward Gibson Jr., P.E., F., Giovanni C. Migliaccio. Empirical comparison of design/build and design/bid/build project delivery methods. Journal of Construction Engineering and Management, 2009, 135(7):579-587.

[34] CW Ibbs, YH Kwak, T Ng, AM Odabasi. Project delivery systems and project change: quantitative analysis. Journal of Construction Engineering and Management, 2003, 129 (4), 382-387.

[35] Florence Yean Yng Ling, Canny Lee Kian Chong. Comparing the perforance of design-build and design-bid-build projects in Singapore, Building and Environment, 2004, 47(6): 163-176.

[36] Shrestha, P. P., Migliaccio, G. C., O'Connor, J. T., and Gibson E. G., Jr.. Benchmarking of large design-build highway projects: One to one comparison and comparison with design-bid-build projects. Transp. Res. Rec., 2007, 1994(1): 17–25.

[37] Eaves, W. M., and Laubach, P. B.. Managing hospital design and construction programs. The Foundation of the American College of Healthcare Executives, Chicago, 1987, 73–81.

[38] Christopher M. Gordon. Choosing Appropriate Construction Contracting Method. Journal of Construction Engineering and Management, 1994, 120 (1): 196-210.

[39] R. Kangari. Risk management perceptions and trends of U.S. construction. Journal of Construction Engineering and Management, 1995, 121(4): 422-429.

[40] Felix T. Uhlik, Michael D. Eller. Alternative Delivery Approaches for Military Medical Construction Projects. J. Arch. Engrg. 1999, 5(4): 149-155.

[41] Walter D. Ritchie, P.E. Alternative Project Delivery. Ports 2001 Conference: America's Ports - Gateway to the Global Economy, April 29-May2, 2001, Norfolk, Virginia.

[42] William J. Bender. Case Study of Construction Project Delivery Types. Proceedings of Construction Research Congress - Winds of Change: Integration and Innovation of Construction, 2003.

[43] YC Tan. A handbook for improving real estate project delivery in Malaysia- analysis, comparison and selecting the best method. Department of Architecture, National University of Singapore, 2006.

[44] M Hashim, MYL Chan, CY Ng, et al. Factors Influencing the Selection of Procurement Systems by Clients. International Conference on Construction Industry 2006, Padang, Indonesia, 2006.

[45] 叶苏东. 工程项目开发策略研究. 项目管理技术，2007，(7)：63-66.

[46] 杨高升，王敏，王卓甫. 建设工程交易方式设计分析. 建筑经济，2007(7):109-111.

[47] 骆汉宾，张伟，梁萍. 公共项目建设管理的模式选择. 建筑经济，2008(3):63-66.

[48] 林知炎. 建设工程总承包实务. 北京：中国建筑工业出版社，2008.8.

[49] GC Migliaccio, GE Gibson Jr, JT O'Connor. Changing project delivery strategy: an implementation framework. Public Works Management & Policy, 2008, 12(3): 483-502.

[50] S Ratnasabapathy, R Rameezdeen, NA Lebbe. Exploratory Study of External Environmental Factors Influencing the Procurement Selection in Construction. http://www.irbdirekt.de/daten/iconda/CIB11351.pdf, 2009-09-20.

[51] Pertti Lahdenpera, Tiina Koppinen. Financial Analysis of Road Project Delivery Systems. Journal of Financial Management of Property and Construction, 2009, 14(1): 61-78.

[52] Bennett, J., Pothecary, E., and Robinson, G.. Designing and building a world-class industry, Center for Strategic Studies in Construction, Reading, U.K., 1996.

[53] Konchar, M., and Sanvido, V. Comparison of U.S. project delivery systems. J. Constr. Eng. Manage., 1998, 124(6): 435–444.

[54] Molenaar, K. R., and Songer, A. D.. Model for public sector design-build project selection. J. Constr. Eng. Manage., 1998, 124(6): 467–479.

[55] Chan, A. P. C., Ho, D. C. K., and Tam, C. M.. Design and build project success factors: Multivariate analysis. J. Constr. Eng. Manage., 2001, 127(2): 93–100.

[56] Florence Yean Yng Ling, Swee Lean Chan, Edwin Chong, and Lee Ping Ee.

Predicting performance of design-build and design-bid-build projects. Journal of Construction Engineering and Management, 2004, 130(1): 75-83.

[57] Al Khalil,M.I.. Selecting the appropriate project delivery method using AHP. Int.J.Proj.Manage., 2002, 20(6): 469–474.

[58] Silva,A.D. A model for optimizing the selection of project delivery systems using analytic hierarchy process AHP. MASc thesis,Western Michigan Univ.,Kalamazoo,Mich. 2002.

[59] 惠静薇. 运用模糊层次分析法选择合适的工程项目管理模式. 工业技术经济, 2004, 23(2): 72-76.

[60] I.M. Mahdi, K. Alreshaid. Decision support system for selecting the proper project delivery method using Analytical Hierarchy Process (AHP). International Journal of Project Management, 2005,23 (7) :564–572.

[61] F Mafakheri, L Dai, D Slezak, F Nasiri. Selecting the optimal project delivery system: a rough-AHP decision aid. Dominik Slezak, Ernestina Menasalvas-Ruiz, Churn-Jung Liau, and Marcin Szczuka. Rough Sets and Soft Computing in Intelligent Agent and Web Technologies. Compiègne, France, 2005,9.

[62] ZY Zhao, R Liu. Selecting the Appropriate Project Delivery Modes Using Non-Structural Fuzzy Decision Method. Tthe CRIOCM 2006 International Symposium on "Advancement of Construction Management and Real Estate", 2006.

[63] Oyetunji A A, Anderson S D. Relative effectiveness of project delivery and contract strategies. Journal of Construction Engineering and Management, 2006, 132(1): 3-13.

[64] 洪伟民,王卓甫. 基于SMARTS的工程交易方式决策分析. 生态经济(学术版), 2007(10): 34-37.

[65] Chan, Caroline T W. Fuzzy Procurement Selection Model for construction projects. Construction Management and Economics, 2007, 25(6): 611-618(8).

[66] Georgia State Financing and Investment Commission GSFIC. Project delivery options: Selecting the appropriate project delivery option, Vol.2,

Version 2, Atlanta. 2003.

[67] Georgia State Financing and Investment Commission GSFIC. Project delivery options: Understanding your options, Vol.1, Version 2, Atlanta, 2003.

[68] Ferguson,H.,and Keing,M. The road to alternative project delivery. Proc.,The SCUP-38th Annual Int.Conf.,The Society for College and University Planning,Miami Beach,Fla, 2003.

[69] CW Furneaux, KA Brown, AJ Gudmundsson. Defining the Dimensions of Engineering Asset Procurement: Towards an Integrated Model. Proceedings World Congress on Engineering Asset Management and Intelligent Maintenance Systems, Beijing, China, 27-30 October, 2008: 495-508.

[70] 洪伟民,王卓甫. 工程项目交易模式研究综述. 科技管理研究, 2008（8）: 188-190.

[71] Gallagher M. Design counsel. Building(Design and Build Supplement), 1993, 30 (17):32-45.

[72] Akintoye A, Design and build: a survey of construction contractors' views, Construction Management and Economics, 1994, (12):155-163.

[73] Haviland. The architects' hand book of professional practice. The American Institute of Architects ,1985

[74] Greenfield. Turnkey construction in the united states, ASCE, 1982, 108(102): 1982

[75] United Nations. Features and issues in Turnkey contracts in developing countries. United Nations Centre on Transnational Corporations, 1990.

[76] DBIA. An introduction to design-build. DBIA, 1994

[77] FIDIC. Conditions of contract for EPC Turnkey projects. FIDIC, 1999

[78] 颜敏仁,罗维. 统包制度对营建业市场结构之影响——以台湾营建业为例. 土木水利, 2001, 27(4): 13-27.

[79] Georgia State Financing and Investment Commission. Selecting the Appropriate Project Delivery Method. August 2001.

[80] ASCE, Quality in the constructed project: A Guide for Owners, Designers

and Constructors (2th Edition), American Society of Civil Engineers, Reston, Virginia, 2000, 16.

[81] Jeffrey L. Beard, Michael C.Loulakis SR., Edward C.Wundram. Design-Build Planning through Development. McGraw-Hill, USA, 2001.

[82] Frederick E .Gould. Managing the Construction Process (2nd Edition). Prentice Hall, USA, 2002.

[83] Tiina Koppinen, Pertti Lahdenperä. The current and future performance of road project delivery methods. VTT Building and Transport. Finland: VTT Publications 549, 2004.

[84] F Mafakheri, L Dai, D Slezak, F Nasiri. Project Delivery System Selection under Uncertainty: Multicriteria Multilevel Decision Aid Model. Journal of Management in Engineering, 2007, 23(4): 200-206.

[85] 王卓甫,杨高升,刘俊艳.现行建设法规对工程交易模式发展影响的分析.建筑经济，2008（7）：9-12.

[86] 罗能钧，彭正龙.我国大型建筑业企业再造的目标模式——工程总承包企业.建筑经济，2005（5）：8-12.

[87] Fouad M. Al-Sinan, Donn E. Handier. Facility project delivery selection model. Journal of Management in Engineering, ASCE, 1988, 4(3): 244-259.

[88] Vivek P. Kapadia, Mukesh B. Joshi. Ethical engineering or engineered ethics ?. International Conference on Ethics and Human Values in Engineering, ICEHVE, Barcelona, 2008.

[89] 赵兴祥.国内外项目建设总承包模式的发展与实践.甘肃科技，2006，22（12）：190-192.

[90] 田兵权.三种近似国际工程承包模式的区别与联系.西华大学学报（哲学社会科学版），2004（12）：77-78.

[91] Construction Industry Institute. Owner's tool for project delivery and contract strategy selection. Research Summary Rep., The Univ. of Texas at Austin, Austin, Tex. 2001：165-1.

[92] 熊华平.我国建筑业工程总承包业务拓展与模式创新研究.建筑经济，2006（7）：12-15.

[93] 张全. 复杂多属性决策研究. 沈阳：东北大学出版社，2008.

[94] Hwang CL, Yoon K. Multiple attribute decision making: methods and applications: a state-of-the-art survey. Springer-Verlag New York, 1981.

[95] 彭志奇. 采矿工程不确定多属性决策理论与方法研究. 博士论文，北京科技大学，2003.

[96] 杨保安，张科静. 多目标决策分析理论、方法与应用研究. 上海：东华大学出版社，2008.

[97] 徐玖平，吴巍. 多属性决策的理论与方法. 北京：清华大学出版社，2006.

[98] RL Keeny, H. Raiffa. Decision with Multiple Objectives. Wiley, New York, 1976.

[99] 方芳. 从理性和有限理性角度看决策理论及其发展. 经济问题探索，2005（8）：64-67.

[100] 李广海，陈通. 现代决策的基石：理性与有限理性研究述评. 统计与决策，2008，255（3）：49-51.

[101] Munier B., Selten R. Bounded rationality modeling. Marketing Letters，1999，10（3）：234，242-244.

[102] Hwang, CL., Lin MJ.. Group decision making under mutiple criteria. Spring, Berlin Heidelberg, 1987.

[103] Hwang CL, Yoon K. Multiple attribute decision making: methods and applications: a state-of-the-art survey. Springer-Verlag New York, 1981.

[104] Steuer, R.E., Na, P., Multiple criteria decision making combined with finance: A categorized bibliographic study. European Journal of Operational Research, 2003,150 (3): 496–515.

[105] 王琨，郑荣跃. 我国发展工程总承包问题研究. 价值工程，2005（12）：28-32.

[106] 阴晓云，许长青. 我国工程项目总承包实施的利弊分析. 四川建筑，2006，26（5）：152-153.

[107] 刘刚宁. 我国实施总承包(EPC模式)的法律问题. 四川建筑，2007，27（8）：214-215.

[108] Kamenetzky, R. D.. The relationship between the analytic hierarchy process and the additive value function. Decis. Sci., 1982, 13(4): 702-713.

[109] Isaac Elishakoff. Three Versions of the finite element method based on concepts of either stochasticity, fuzziness, or anti-optimization. Applied Mechanics Reviews, 1998,51(2): 209-218.

[110] S. S. Rao, L. Berke. Analysis of uncertain structural systems using interval analysis. AIAA journal, 1997, 135(4): 727-735.

[111] Xu Z S. Uncertain linguistic aggregation operators based approach to multiple attribute group decision making under uncertain linguistic environment. Information Sciences. 2004, 168(1-4): 171-184.

[112] E Herrera-Viedma, F Herrera, L Martinez, JC Herrera, AG Lopez. Incorporating filtering techniques in a fuzzy linguistic multi-agent model for information gathering on the web. Fuzzy Sets and Systems, 2004, 148: 61–83.

[113] Bordogna, G. Fedrizzi, M. Pasi, G.A.. Linguistic modeling of consensus in group decision making basedon OWA operators. IEEE Transactions on Systems, Man and Cybernetics, 1997,27(1): 126-133.

[114] F Herrera, L Martínez. A 2-tuple fuzzy linguistic representation model for computing with words. IEEE Transactions on Fuzzy Systems, 2000, 8: 746-752.

[115] Xu Zeshui, Da Qingli. Linguistic approaches to multiple attribute decision making in uncertain linguistic setting. Journal of Southeast University, 2004, 20(4): 482-485.

[116] 戴跃强，徐泽水，李琰，达庆利. 语言信息评估新标度及其应用. 中国管理科学，2008，16（2）：145-149.

[117] Xu Z S. EOWA and EOWG operators for aggregating linguistic labels based on linguistic preference relations. International Journal of Uncertainty, Fuzziness and Knowledge-Based Systems, 2004, 12: 791-810.

[118] XU Z S. Interactive group decision making procedure based on linguistic preference relations. Technical Report, 2006.

[119] 高杰，孙林岩，何进，李晓明．层次分析的区间估计．系统工程理论与实践，2004（3）：103-106.

[120] R R. Yager. Families of OWA operators. Fuzzy Sets and Systems, 1993, 59: 125-148.

[121] Jean-luc Marichal. Aggregation operators for multicriteria decision aid. Dissertation, University of Li`ege Li`ege, Belgium, 1999.

[122] R R. Yager. On order weighted averaging aggregation operators in multicriteria decisionmaking. IEEE Trancsactions on Systems, Man, and Cybernetics, 1998, 18:183-190.

[123] 徐泽水，达庆利．区间数排序的可能度法及其应用．系统工程学报，2003，18（1）：67-70.

[124] G Facchinetti, RG Ricci, S Muzzioli. Note on ranking fuzzy triangular numbers. International Journal of Intelligent Systems, 1998, 13(7): 613-622.

[125] 中华人民共和国统计局．城镇固定资产投资情况（2008年1-12月）. www.stats.gov.cn/tjsj/jdsj/t20090201_402541186.htm, 2009-02-01.

[126] 中华人民共和国统计局．城镇固定资产投资情况（2009年1-6月）. http://www.stats.gov.cn/tjsj/jdsj/ t20091026_402597690.htm, 2009-10-28.

[127] 康磊．我国工程总承包企业的培育与发展．价值工程，2008（8）：23-25.

[128] 王早生，符耀伟，逢宗展，李燕鹏．关于当前工程总承包工作的调研报告．建筑经济，2004（8）：5-8.

[129] 刘琳，刘长滨，郭磊．中外建筑业企业结构的比较与借鉴．建筑经济，2000（6）：7-9.

[130] 郭立明，鞠其凤．总承包模式下的监理工作特点初探．四川水力发电，2007，26（2）：21-23.

[131] Chimay J Anumba, Nosa F O Evbuomwan. Concurrent engineering in design-build projects. Construction Management and Economics, 1997, 15(3): 271-181.

[132] Rowlinson, S. (1999), A definition of procurement systems Procurement Systems a Guide to Best Practice in Construction, E&FN Spon, London.

[133] Florence Yean Yng Ling, Canny Lee Kian Chong. Design-and-build contractors' service quality in public projects in Singapore, Building and Environment, 2005(40): 815–823.

[134] Ling Y Y, Lau B S Y. A case study on the management of the development of a large-scale power plant project in East Asia based on design-build arrangement. International Journal of Project Management, 2002,(20): 413–423.

[135] Manuel Gonzalez. Regulation as a Cause of Firm Fragmentation: The Case of the Spanish Construction Industry. International Review of Law and Economics. 1998,(18): 433–450.

[136] Walker DHT, Hampson K, Peters R. Project alliancing vs project partnering: a case study of the Australian national museum project. Supply Chain Manage:An Int J. 2002, 7(2):83–91.

[137] Gonzalez D M. Organization de la Empresa Constructora: Influencia de la Regulacion y la Tecnologia. Doctoral Dissertation, University of Oviedo. 1994.

[138] Mehmedali Egemen, Abdulrezak N Mohamed. Clients' needs, wants and expectations from contractors and approach to the concept of repetitive works in the Northern Cyprus construction market. Building and Environment, 2006,(41):602–614.

[139] Preece CM, Tarawnah S.Why are design & build clients unhappy? Construction Manager 1997,3(7):24–35.

[140] 《中国建筑业改革与发展研究报告》编写组. 中国建筑业改革与发展研究报告（2008）. 北京：中国建筑工业出版社，2008.

[141] MANUEL GONZALEZ. Regulation as a Cause of Firm Fragmentation: The Case of the Spanish Construction Industry．International Review of Law and Economics. 1998，（18）:433–450.

[142] 《中国建筑业改革与发展研究报告》编写组. 中国建筑业改革与发展研究报告（2003）. 北京：中国建筑工业出版社，2003.

[143] 李小冬，宋健民，冯凯，关柯. 我国建筑业企业结构特征分析. 哈尔滨

建筑大学学报，2002，35（5）：5-8.

[144] Bo, X., Chan, A. Investigation of Barriers to Entry into the Design-Build Market in the People's Republic of China. J. Constr. Eng. Manage. 2012, 138(1):120–127.

[145] 王勇. 浅论推行 EPC 总承包存在的问题与对策. 建筑经济，2009，03:81-84.

[146] 王琨，郑荣跃. 我国发展工程总承包问题研究. 价值工程，2005，12:28-32.

[147] 郑磊，成虎. 我国工程总承包企业发展的几个问题. 建筑经济，2004，08:13-16.

[148] 王早生,符曜伟,逄宗展,李燕鹏. 关于当前工程总承包工作的调研报告. 建筑经济，2004，08:5-8.

[149] 荀志远. 关于发展工程总承包de几点思考及建议. 建筑经济，2003，06:16-19.

[150] 王珏. 诚信：企业核心竞争力实现的关键. 商业研究，2005，03:85-87.

[151] 辛冲. 组织创新的动态演化模型构建与实证研究. 科学学与科学技术管理，2010(9): 97-103.

[152] Molenaar K R, Songer A D. Model for public sector design-build project selection. Journal of Construction Engineering and Management, 1998, 124(6): 467-479.

[153] Han S H, Kim D Y, Kim H. Predicting profit performance for selecting candidate international construction projects. Journal of construction engineering and management, 2007, 133(6): 425-436.

[154] Lam E W, Chan A P, Chan D W. Determinants of successful design-build projects. Journal of construction engineering and management, 2008, 134(5): 333-341.

[155] Damanpour F. Organizational innovation: A meta-analysis of effects of determinants and moderators. Academy of management journal, 1991, 34(3): 555-590.

[156] 风笑天. 现代社会调查方法（第四版），武汉：华中科技大学出版社，

2009.

[157] 李俊. 如何更好地解读社会?——论问卷设计的原则与程序. 调研世界，2009，03:46-48.

[158] 钟柏昌，黄峰. 问卷设计的基本原则与问题分析——以某校2011年教育学硕士学位论文为例. 学位与研究生教育，2012，03:67-72.

[159] 卢纹岱. SPSS for Windows 统计分析（第3版）. 北京：电子工业出版社，2006.

[160] 吴明隆. 结构方程模型——AMOS的操作与运用. 重庆：重庆大学出版社，2009.

[161] Ola Lædre, Kjell Austeng, Tore I. Haugen, Ole Jonny Klakegg. Procurement routes in public building and construction projects. Journal of Construction Engineering and Management, 2006, 132 (7): 689-696.

[162] Construction Industry Institute. Project delivery and contract strategy selection: A tool for owners, PDCS, 2nd Ed., Univ. of Texas at Austin Press, Austin, Tex, 2003.

[163] Office of Government Commerce (OGC). Achieving Excellence in Construction Procurement Guide 06: Procurement and contract strategy. Achieving excellence in construction, UK, http://www.ogc.gov.uk/documents/CP0066AEGuide6.pdf. 2007-01-25.

[164] Australian National Audit Office (ANAO). Developing and managing contracts -better practice guide, Australia, http://www.anao.gov.au/uploads/documents/Developing_and_Managing_Contracts.pdf, 2007.02.

[165] Oyetunji, A. A. Methodology for selecting project delivery system and contract strategies for capital projects. PhD dissertation, Texas A&M Univ., College Station, Tex. 2001.

[166] Tommy Y. Lo, Ivan W. H. Fung, Karen C. F. Tung. Construction delays in Hong Kong civil engineering projects. J. Constr. Eng. Manage., ASCE. 2006, 132(6): 636–649.

[167] Okpala, D. C., Aniekwu, A. N.. Causes of high costs of construction in Nigeria. J. Constr. Eng. Manage., ASCE. 1988, 114(2): 233–244.

[168] Cheng-Haw Chen. Effect of completion level of owner's basic design in design-build projects. Civil and Hydraulic Engineering. 2004, 30(5):20-25.

[169] Lewis R McClain. Design-Build interoperability and conceptual design and development of a design-build management control system. Masteral Dissertation. Building Construction and Integrated Facility Management, Georgia Institute of Technology, 2007.

[170] 刘长江，方启军. D-B 模式下的总承包类型分析. 工程建设与设计，2006（5）：13-15.

[171] 王卓甫，简迎辉. 工程项目管理模式及其创新. 北京：中国水利水电出版社，2006.4.

[172] 马燕，黄有亮. 项目总承包模式下的工程建设监理. 建设监理，2005(4)：32-33.

[173] 闫瑞明. EPC 工程总承包中的风险控制. 建筑管理现代化，2009，23(4)：354-357.

[174] Xu Z S. An ideal-point-based apporach to multi-criteria decision making with uncertain linguistic information. Tcennical Report, 2003.

[175] Xu Z S. A direct apporach to group decision making with uncertain making with uncertain additive linguistic preference relations. Tcennical Report, 2003.

[176] Xu Z S. Some new operators for aggregating uncertain linguistic information. Tcennical Report, 2003.

[177] 张震，刘芬. 决策支持系统理论分析及方案研究. 苏州科技学院学报（自然科学版），2009，26（2）：38-43.

[178] 黄宏胜，岳天祥. 资源环境模型库管理系统研究进展. 地理科学进展，2007，26（1）：77-86.

[179] 胡国华，李晓东. 基于 web 的工程索赔决策支持系统的研究. 哈尔滨建筑大学学报，2002，35（5）：112-117.

[180] 叶跃祥，糜仲春，王宏宇，梁晓艳. AHP 判断矩阵一致性调整的前瞻算法. 系统工程，2006，24（10）：117-121.

致 谢

本书受广东省自然科学基金资助项目（S2011040004108）、住房和城乡建设部科学技术项目计划项目（2011-R3-29）、广州市人事与社会保障局博士后研究基金、福建省科技厅软科学项目（2013R0075）资助，特此感谢！

本研究的工作受到哈尔滨工业大学王要武教授和中山大学李善民教授的悉心指导，文章的撰写、修改乃至最后的定稿都凝聚着两位教授大量的心血。王要武教授和李善民教授自强不息、正身直行、宽厚而爱人的人生态度和处事原则不仅给了我极大的帮助和影响，也是我工作和生活中永远的楷模和追求；两位教授严谨的治学态度和科学的工作方法更将激励我在以后工作学习中树立更高远的目标。

感谢广州市建筑集团有限公司的王龙教授级高工和王敏英小姐、广州市教育局邵国良教授、广州大学庞永师教授和王满四教授、西安建筑科技大学席爱民教授在本书写作过程中给予的指导与帮助，感谢哈尔滨工业大学满庆鹏博士、广州大学硕士研究生陆文钦在文献收集及理论研究过程中给予的大力协助。此外，广州大学研究生谢壁林对本书第四章文字的形成有重大贡献，特别鸣谢。